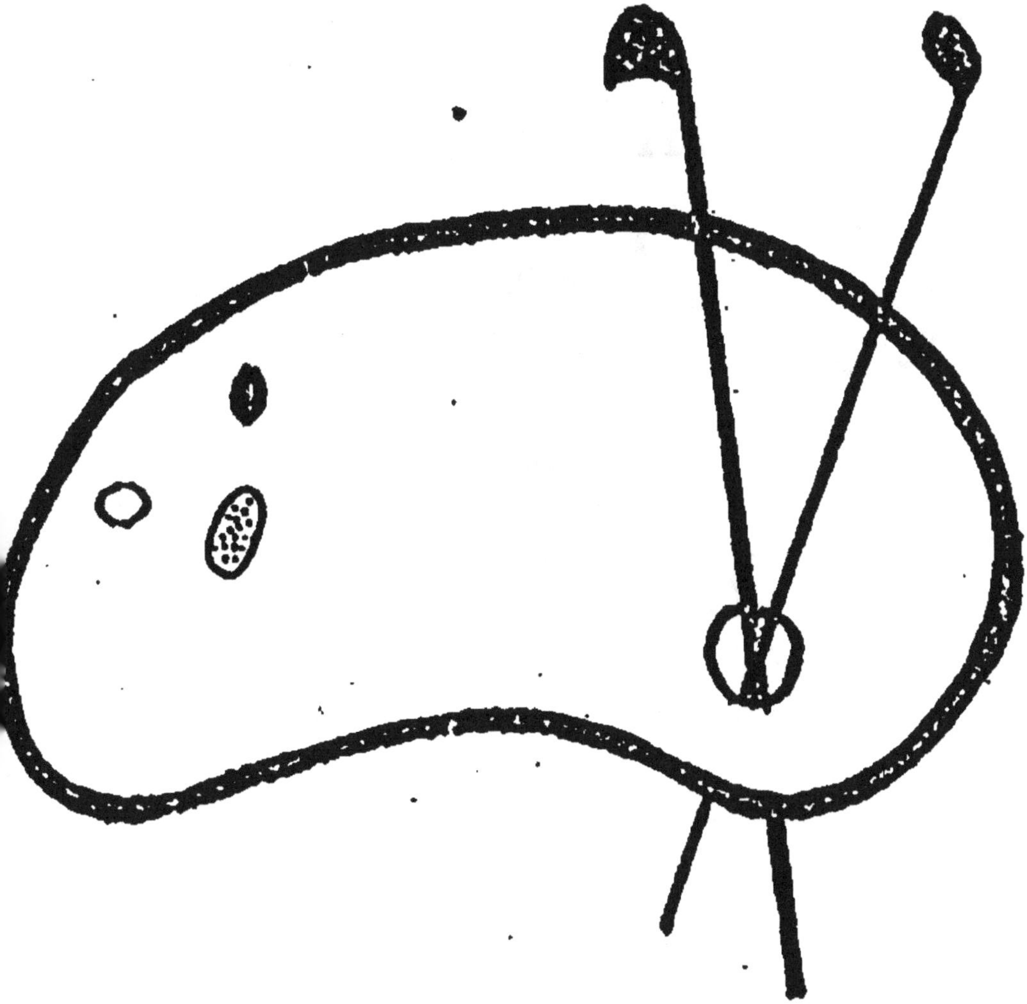

**COUVERTURE SUPERIEURE ET INFERIEURE
EN COULEUR**

LÉON BLOY

# Christophe Colomb

DEVANT

## LES TAUREAUX

> Tauri pingues obsederunt me.
> Psaume XXI.

PARIS

NOUVELLE LIBRAIRIE PARISIENNE

ALBERT SAVINE, ÉDITEUR

12, RUE DES PYRAMIDES, 12

Tous droits réservés.

ÉVREUX, IMPRIMERIE DE CHARLES HÉRISSEY

# Christophe Colomb

DEVANT

## LES TAUREAUX

## EN VENTE A LA MÊME LIBRAIRIE

*Envoi franco au reçu du prix* (timbres ou mandat).

---

## DU MÊME AUTEUR

Le révélateur du globe, préface par J. Barbey d'Aurevilly, in-8.                    7 francs

Les propos d'un entrepreneur de démolitions.                    3 fr. 50

Le désespéré.                    3 fr. 50

Un brelan d'excommuniés.                    2 francs

Le Pal (les 4 numéros).                    2 francs

*En préparation :*

Belluaires et Porchers

---

ÉVREUX, IMPRIMERIE DE CHARLES HÉRISSEY

LÉON BLOY

# Christophe Colomb

DEVANT

## LES TAUREAUX

*Tauri pingues obsederunt me.*
*Psaume XXI.*

PARIS
NOUVELLE LIBRAIRIE PARISIENNE
ALBERT SAVINE, ÉDITEUR
12, RUE DES PYRAMIDES, 12
—
1890
Tous droits réservés.

A MA TRÈS CHÈRE FEMME

# JOHANNE MOLBECH

FILLE DU POÈTE DANOIS

*Je dédie cette œuvre*

*de Justice & d'Indignation*

*chrétiennes*

en souvenir du 19 mars 1890.

# NOTIFICATION PRÉALABLE

## AUX

# Spadassins du Silence

> De fumo putei exierunt locustæ in terram.
> **APOCALYPSE.**

*Ce nouveau livre qui serait mon dernier soupir littéraire, si le vœu d'un assez grand nombre de mes contemporains était exaucé, s'annonça, dès l'incubation, comme devant procurer à son auteur l'enviable réconfort du plus parfait insuccès.*

*Il suffit, pour s'en convaincre, de considèrer que j'apporte une œuvre qui sera généralement estimée, — par les connaisseurs — à l'égal d'une assommante réitération du Révélateur du Globe, tombé, depuis six ans, dans le plus honorable oubli.*

*Ce pauvre Révélateur était la première publication d'un inconnu dénué d'opulence, orphelin de tout protecteur d'*En Bas[1] *et, par conséquent, inapte à fomenter l'enthousiasme des journaux.*

*D'autre part, on y parlait de Dieu et de l'Église catholique, sans aucune des précautions cafardes et judaïques indispensables, paraît-il, à l'intromission de la Vérité dans les cerveaux équilibrés que Pilate synthétise.*

*On y parlait même, à toute page, d'un homme très grand, mort depuis quatre siècles, que le monde prétend honorer assez du suffrage de quelques-uns de ses dictionnaires et pour lequel on demandait ridiculement l'apothéose intolérable d'une Béatification !...*

*Cet initial bateau de papier s'en alla donc à la dérive, silencieux et inaperçu au milieu des pontons immobiles et des lourds chalands pavoisés, jusqu'au plus prochain tourbillon où il s'engouffra, « sans faire plus de bruit*

---

[1] Voir appendice A.

qu'un atome qui croulerait du haut d'une ruine dans le désert ».

D'autres livres parurent ensuite, qui menaçaient d'être moins aphones.

J'avais l'audace, évidemment inouïe, de ne point adorer les simulacres et de conspuer, sans façons, les phallophores et les massacreurs d'innocents.

Aussitôt s'organisa la croisade de l'inattention. Le journalisme dolent et navré concerta de me trucider en ne parlant pas de moi.

Telle est sa coutume. Le silence est le palladium de l'ignominie.

Par malheur, cette conspiration n'est pas d'un effet certain.

Les domestiques et les esclaves de la Popularité n'ont pas le pouvoir d'égarer ni même de décourager infailliblement un visiteur sans pourboire, en refusant de le précéder chez cette insolente catin, avec leurs puants flambeaux.

On se dirige, quelquefois, très bien, sans leur secours, dans les corridors ténébreux et on ne se casse pas toujours la figure dans les escaliers.

Est-ce, d'ailleurs, très habile de s'écarter ostensiblement d'un homme qu'on voudrait cacher à tout l'univers?

Un personnage prétendu lépreux excite ordinairement la curiosité, peut-être aussi quelque sympathie, quelque rassurant et contradictoire soupçon, quand on aperçoit les escarres et la purulence des hypocrites vénéneux qui l'ont accusé.

Qui sait, après tout, si la quarantaine ou la mise au ban, d'un Ecrivain, par l'hostilité de la presse entière, n'est pas une réclame des plus sûres, — en même temps qu'une décoration des plus honorables?

Quoi qu'il en soit, je ne suis pas mort, vous pouvez m'en croire, et je me porte à merveille pour le désagrément de plusieurs.

Cependant, j'ai quelque sujet d'inquiétude.

On m'a dit qu'il se déclarait, à mon endroit, de vagues symptômes de clémence dans certains journaux et qu'à l'avenir, il pourrait arriver qu'ils s'occupassent de ce que je fais.

Je veux encore espérer qu'on s'abuse et que les mouches de l'information ne vont pas s'aviser d'être plus charbonneuses qu'autrefois.

Ce serait terrible d'ameuter leur admiration, si, par exemple, elles allaient s'imaginer que je suis devenu puissant ou riche!

Je m'empresse donc de les avertir qu'il n'en est rien et qu'elles ne doivent accorder aucun crédit aux chimériques exhalaisons qui pourraient attirer, à l'entour de moi, leurs bourdonnements.

S'il le faut, je les supplie, avec toute l'humilité dont je suis capable, de ne pas me salir de leur bienveillance, de ne pas me crotter de leurs petits soins, de me continuer enfin ce bon silence qui me tuait si peu et dont je suis si fier dans ma pauvreté.

Pourquoi ces insectes s'abattraient-ils sur une œuvre telle que celle-ci, je suppose, à laquelle ils ne peuvent rien comprendre, puisqu'elle ne contient pas une pincée d'excréments ni de pourriture et qui ne peut, dès lors, intéresser, en aucune façon, leurs tarières ni leurs suçoirs?

Il est vrai qu'en pareil cas, je les exhorterais à compter sur la plus copieuse et la plus noire des ingratitudes.

Il s'en faut que j'aie dégorgé tous les mépris que j'ai sur le cœur !

Incidemment, aujourd'hui, j'expédie quelques Espagnols dont les silhouettes affligeaient l'horizon de mon plus beau rêve.

Demain ou après-demain, je m'occuperai à nouveau de quelques Français que je n'ai pas oubliés et, comme dit le proverbe, « chaque chien aura son jour ».

LÉON BLOY.

12 août 1890.

# I

# CIRCENSES!

# 1

## CIRCENSES!

> L'Injuste. — Et les spectateurs, que sont-ils pour la plupart? Regarde-les.
> Le Juste. — Je les regarde.
> L'Injuste. — Eh bien ! que vois-tu ?
> Le Juste. — Que, par les dieux ! ils sont presque tous de la crapule.
> Aristophane. *Les Nuées.*

Je ne me souviens pas d'avoir jamais visité l'Espagne, et je n'ai jamais assisté, même en rêve, à une course de taureaux. J'entends une de ces vraies courses où la bête furieuse éventre des chevaux et parfois des hommes, à la délirante joie d'un vrai public espagnol.

Nous fûmes tous élevés dans cette croyance que c'était un spectacle sublime et de nature à saturer d'enthousiasme la plus héroïque nation du globe. Nos yeux d'enfants ont été remplis de ces images de picadores éclatants et de toréadors fulgurants comme des archanges dont les enluminures à deux sous nous racontaient la splendeur. Le taureau nous semblait alors un ruminant céleste échappé de son zodiaque, un monstre d'apocalypse aux yeux de feu, aux cornes bibliques, aux sabots d'airain et le matador impassible dans le velours et l'or de ses passementeries, sous le manteau des regards adorateurs de la multitude, nous apparaissait ainsi qu'un Thésée radieux et galant dont la dévorante espada eût été fourbie par d'impitoyables infantes enragées d'amour.

Ah ! les beaux poèmes que cela faisait dans nos imaginations d'adolescents ! Ces nobles cavaliers espagnols tourbillonnant à l'entour de l'animal furibond et s'exposant à la mort sous les yeux des amoureuses ; ces agiles piétons de l'arène, belluaires dandies et victimes non moins probables, bondissant, glissant, s'évanouissant, tels que des fantômes excitateurs, jusque sous les cornes, quelquefois sanglantes, multipliées par l'effroi ; enfin ce public sonore comme le cuivre, vociférant comme un fleuve en chute et cette pluie de prunelles ardentes sur les gladiateurs !

Toute cette vision nous hantait avec puissance, nous autres, pauvres enfants du Midi, qui ne connaissions pas encore la pitié et c'était pour nous un aspect radieux de la gloire. Si l'Espagne n'avait pas été si loin derrière les monts ennemis de nos faibles pieds, nous serions bien partis comme sainte Thérèse et son frère, âgés de dix ans, non pour conquérir des barbares à Jésus-Christ, mais pour voir couler le sang des bêtes et le sang des hommes dans l'apothéose d'or que notre imagination supposait.

Aujourd'hui, les grappes de nos ans sont mûres, hélas! et il convient d'en rabattre, de cet enthousiasme juvénile. Encore une fois, j'ignore l'impression tragique des courses pratiquées en la vieille Espagne, mais j'ai voulu savoir ce que cela pouvait bien être à Paris et connaître enfin, par mes propres yeux, la valeur esthétique de ce divertissement renommé. Je n'espère pas donner la mesure de mon désappointement.

D'abord et avant tout, la *médiocrité*. C'est

avec le plus grand soin qu'on écarte la mort, l'indécente possibilité de la mort pour les hommes et les animaux.

Les cornes du taureau sont lénifiées, mouchetées, ouatées, capitonnées, comme des objets tendres et précieux, jusqu'à faire paraître l'éventrement désirable. Les picadores à pied ou à cheval sont d'honnêtes clowns saturés de pacifiques intentions, qui savent par cœur le petit écart suffisant à décevoir le coup de tête invariablement oblique de cet animal sans génie, et qui le pratiquent avec une louable prestesse. Leurs figures péninsulaires en vieille basane plus ou moins bouillie ou torréfiée, mais sans menace d'extermination ni fanatisme d'aucune sorte, n'expriment que l'ennui professionnel d'une corvée toujours identique, toujours stupide, traversé parfois d'un éclair d'orgueil imbécile, quand les applaudissements s'exaspèrent.

La sacrée fonction de ces rastaquouères, leur unique raison d'exister, leur fin dernière, leur canton de paradis, c'est de planter d'un geste rapide, et les deux bras en arc d'amour, dans le cuir d'un infortuné ruminant, de petits dards à crochets aimablement empennés de papier rose ou de frisons bleus.

Et voilà tout, absolument tout. Quant au malheureux taureau, on l'assomme, paraît-il, dans la coulisse, après que le troupeau de ses camarades est venu le réintégrer.

Mais la mort qui, seule, pourrait donner quelque grandeur à ce crapuleux amusement, la camarde Impératrice des hommes et des animaux, n'apparaît pas une seule minute.

Elle est demandée, pourtant, passionnément demandée par les spectateurs qui ont, sans doute, raison d'exiger du plaisir pour leur argent, n'estimant pas au delà de quelques pièces de monnaie la vie des autres, ces autres fussent-ils baptisés du Sang du Christ dont l'immolation, après tout, ne coûta que trente deniers à la nation juive.

Et voici le second point notable en cette aventure de nos bons taureaux. La férocité déçue du public français. Ce sentiment exquis n'attendait, paraît-il, qu'une occasion de se développer.

On m'a dit qu'au début de ces spectacles, un cheval fut éventré et que l'administration chargée de veiller à l'intégrité de nos mœurs nationales, interdit, à cette occasion, les picadores à cheval, réclamés depuis, à grands cris, par une foule enragée du désir de cette émotion.

Tel est le progrès de la conquérante Espagne. Une certaine indignation dès le premier jour, à l'annonce de cet ignoble exercice antipathique à la vieille générosité française, bientôt après un intérêt palpitant, à la vue de ces entrailles sanglantes et, désormais, la concupiscence du massacre.

Dans quelque temps, les Espagnols n'y suffiront plus, et le génie supérieur de la France les dépassera. Ici se dresseront les véritables Pyrénées que n'abaissera jamais aucun prince.

Quelles que soient l'abomination de l'âme espagnole et les héroïques atrocités de cette race sans pardon, elle n'a pas reçu, comme la nôtre, le don souverain de ravir ou d'épouvanter la terre, et si le dragon d'une Terreur pouvait sortir de ses intestins révoltés, ce serait toujours, comme chez n'importe quel autre peuple, à l'imitation de la France. La violence fameuse de ces étrangers est la fille naturelle de leurs instincts passionnés, mais la nôtre plus fameuse encore, fut engendrée avant le Pic du Midi, de notre effrayante imagination. C'est quelque chose comme l'infini et le fini qui se regarderaient par-dessus les monts.

La fantaisie sanguinaire du peuple espagnol n'ira probablement jamais au delà de ses corridas qui lui suffisent amplement depuis des siècles. Tout ce qu'elle pourrait imaginer serait de les rendre aussi meurtrières que possible. Cet amalgame de faste et de cruauté s'ajuste si bien à son vieux génie de race Vandale qui ne sut conquérir qu'en exterminant et qui ne parvint jamais à coloniser que des ruines ou des nécropoles ! D'ailleurs, le choix de la bête est étrangement significatif de l'esprit sauvage et brutal de cette orgueilleuse nation, en même temps qu'il symbolise profondément la sempiternelle *victime* livrée à la multitude.....

Les courses de taureaux resteront donc, je le crois, exclusivement espagnoles pour toute la durée des siècles, mais il paraît vraisemblable qu'à Paris, elles seront l'occasion d'observer l'épanouissement imprévu de notre sensibilité révolutionnaire.

On finira, sans doute, par obtenir ce qu'on demande avec tant de cris, la savante immolation du taureau précédée de quelques délectables éventrements. Ensuite la vieille Louve romaine qui sommeille héréditairement en France depuis tant de générations, s'éveillera doucement au fond de ses limbes et les toreros conspués s'en iront au diable avec leurs accessoires d'opéra-comique.

On demandera l'arène antique et les grands fauves et les véritables gladiateurs. On demandera la mort des lions et la mort des vierges. On demandera des ruisseaux de sang, des fleuves d'angoisse et de l'invention dans les supplices. Ce sera la Renaissance rouge, la seconde et suprême resucée du miel païen recueilli dans les flancs entr'ouverts des taureaux d'Aristée.

Ils seront terriblement loin, alors, les veaux enragés dont nous gratifie le duc de Veragua, dernier descendant de Christophe Colomb et si digne d'être leur pasteur. Car ils sont nourris de sa main, ces quadrupèdes affables. Il est à la fois leur serviteur et leur père, comme son ancêtre était le Serviteur de Dieu et le Père des infortunés Indiens, — puisqu'il les adore et qu'il leur donne à manger...

Vous représentez-vous ce grand d'Espagne, titulaire de l'héritage le plus glorieux qu'il y ait eu dans l'humanité, dépositaire de la tradition la plus inouïe et qui devrait, semble-t-il, vivre dans l'extase de ce prodigieux passé dont un archange s'estimerait accablé, — le voyez-vous distinctement, éleveur de bestiaux farouches pour l'amusement de la populace ? Qui pourrait songer sans terreur à l'indicible néant de cette âme engendrée après trois siècles, par le prodige infernal d'on ne sait quelles adultérations sacrilèges d'une essence un peu plus qu'humaine, pour être le dernier à porter cet empire de magnificences ?

Le XIX° siècle qui paraît avoir, plus qu'aucun autre, élargi le sens critique dans l'esprit humain, en vue de préparer les inexprimables formules de quelque Révolution divine, a souvent offert l'étonnant exemple de la disparition des races supérieures retournées, en la personne de quelque descendant abject, à leur sauvageon primitif. Mais jamais il ne s'était vu d'héritier qui eût tant à perdre et qui donnât le spectacle d'une aussi vertigineuse dégringolade.

Le duc de Veragua a le triste honneur de rappeler les patriciens dégénérés dont parle

Juvénal en sa huitième satire, les Lentulus, les Fabius et les Mamercus qui jouaient des farces et recevaient des soufflets pour l'amusement de la foule. « Dignes d'être vraiment crucifiés », dit-il, Ce vieux romain comprenait et disait assez clairement que la gloire des ancêtres d'un seul homme est le patrimoine de tous et que la dilapidation ou le mépris de ce trésor équivaut exactement à la décapitation du peuple.

Or, qu'est-ce que l'aristocratie d'un grand de l'ancienne Rome, que sont toutes les aristocraties de la terre en comparaison de la noblesse miraculeuse léguée à ses descendants par le Révélateur du Globe?

Si, du moins, ce pauvre duc, — dont je vais être forcé de parler beaucoup trop, hélas! — avait su se borner à l'ignominie de recevoir des calottes de la main d'un pitre et qu'il eût l'excuse d'un ventre affamé pour être sourd à la céleste mélodie de la Colombe douloureuse par laquelle il fut engendré!

Mais le légataire du Porte-Christ est un grand seigneur qui reçoit avec respect des consignes plus déshonorantes encore. Le vilain n'a pas trouvé que ce fût assez ignoble d'oublier son progéniteur du Paradis. Il s'en souvient, au contraire, pour salir autant qu'il peut sa mémoire, pour se faire le très obéissant domestique des cuistres pervers que désole la majesté surnaturelle de Christophe Colomb et qui font accomplir toutes les vilenies de leur choix à l'indigne rejeton de sa lumineuse poussière.

Je ne serais pas étonné d'apprendre que la passion d'être un bouvier pourvoyeur de saltimbanques eût été suggérée, dans ce dessein, à un pareil gentilhomme. Peut-être une certaine pitié, née du mépris pour un tel cerveau, serait-elle encore possible si le duc de Veragua avait eu l'audace de devenir franchement un torero, risquant intrépidement sa peau et ses côtes aussi bien que le dernier malvat des cirques approvisionnés par ses soins. Il aurait ainsi la chance de se faire étriper un jour, aux applaudissements de la canaille dont il convoite si besogneusement le suffrage et le tombeau du plus grand de tous les chrétiens serait enfin débarrassé de ce parasite.

Ajoutons qu'en s'évadant de la vie par cette porte sanglante, il obtiendrait la seule pitoyable fin qui puisse être miséricordieusement souhaitée aux inavouables neveux des très illustres ancêtres. L'effusion du sang, même putréfié, a toujours eu le pouvoir d'attirer le pardon et de restituer des entrailles, jusqu'aux effigies de bronze du plus implacable Mépris. Mais l'homme dont il est question n'avait pas assez de virilité pour cet expédient suprême.

J'étais donc, l'autre jour, spectateur silencieux de ces courses. La foule me parut énorme et puissamment excitée. La vocifé011ration était excessive et semblait augmenter à chaque instant, comme un délire. De jeunes femmes et de vieux enfants étaient en proie au satyriasis de l'égorgement. On eût dit qu'une buée de canaillerie atroce et de crapule infinie montait de l'arène et s'épandait par l'amphithéâtre en circonvolutions maléfiques.

Visiblement ce public plus ou moins aristocratique était venu là prendre un large bain, une pleine eau d'infamie. On s'y vautrait en famille dans la montante marée des cœurs. Une bourgeoise d'insignifiant aspect éructait à côté de moi de si sauvages aboiements de mort que j'eus la tentation de la jeter au taureau. Enfin, de même que dans les inondations ou les incendies, le vrai fond des cœurs apparaissait et je vous jure que cet exode bruyant n'était pas fait pour donner un ravissant aperçu de l'effet moral procuré par ce divertissement.

Il était trop clair que toutes ces brutes humaines en rupture de conscience, reniflaient l'odeur du sang et que la prohibition administrative de cet écarlate parfum les exaspérait jusqu'à la frénésie. La puanteur des âmes était à couper au couteau, si cette expression m'est permise. On sentait si bien rôder à l'entour de soi, l'unanime espoir d'assister à quelque tuerie, de voir jaillir des entrailles, ruisseler du sang, palpiter des membres et d'ouïr, surtout, cette épouvantable clameur des chevaux agonisants qui fait hésiter, dit-on, les cataractes, au désert !...

Mais le spectacle était précisément ce que j'ai dit, médiocre et banal autant qu'une parade foraine et l'inepte cruauté des lanceurs de banderillas était, pour cette fringale d'horreurs, comme un caillot du sang d'un chien dans la gueule du tigre affamé. Je l'avoue, une compassion immense me vint pour ce lamentable taureau qui n'avait probablement pas un ami dans toute la salle et qui était, sans aucun doute, la plus noble de toutes les bêtes assemblées en cet endroit.

J'aperçus alors la vraie laideur, l'authentique bassesse de cette joie d'un peuple avili. Quelle que soit la vaillance déployée par l'animal, il n'obtient pas le salaire de son courage et ne parvient pas à sauver sa vie. Qu'on l'enferre dans le cirque ou qu'on l'assomme à la cantonade, il n'échappera pas à son destin. Je ne sais s'il y a en moi quelque instinct de protecteur des animaux, mais cette idée m'a frappé l'entendement comme une saleté idéale, comme une ignoble abomination.

Dans les Jeux antiques, le pâle esclave, livré aux bêtes, n'était pas absolument sans espoir de leur échapper, s'il parvenait à leur inspirer de la pitié ou s'il portait devant lui son cœur de martyr plus vaste que leurs dévorantes gueules, pour les paralyser de respect. Parfois aussi la Vierge du feu, l'effrayante Vestale se levait pour jeter sa grâce au mirmillon qui avait bien combattu.

Dans ces jeux d'un peuple chrétien, il n'y a pas de grâce ni pour les hommes ni pour les bêtes, ni pour ces limpides cieux aperçus de l'amphithéâtre, qui devraient bien s'obscurcir quelquefois et lâcher les eaux de leurs purifiantes écluses précisément au-dessus de ce tabernacle de sales fureurs.

Et moi, l'unique ami du taureau, voyant ce pauvre être voué à la mort inévitable que semblait fatidiquement appeler sa forme sculpturale de victime propitiatoire désignée pour les symboliques holocaustes, voyant s'agiter autour de lui les cruels et brillants fantoches qui le faisaient si laidement souffrir, au milieu de cet ouragan de sifflets et de hurlements, je perdis un instant la notion précise de l'écœurante réalité, ma pensée monta plus haut que l'ambiante horreur et je crus apercevoir dans un lointain excessif, dans le crépuscule suranné des très vieux ans, la Face douloureuse et calme, la haute figure mélancolique et si douce du Christophore !

Je compris que c'était bien lui qui pâtissait à cette heure, en la manière dont les élus peuvent pâtir. Si le déplorable individu qui représente aujourd'hui sa descendance est véritablement issu de lui, — ce qu'on quelque peine à croire, — nul autre que le Messager sublime ne saurait être aperçu dans ce tourbillon d'ignominies que déchaîne avec une idiote fureur son sacrilège héritier.

C'est Lui seul, vraiment, qui patrone ce mauvais lieu, qui tourmente ces animaux et qui hurle dans l'amphithéâtre, puisque l'homme est un tel mystère que les plus reculés ancêtres vivent essentiellement dans leur postérité et sont ainsi forcés d'accomplir, d'une manière occulte, mais substantielle, ce que leur misérable postérité accomplit. La conscience des fils, c'est le sang des pères.

C'est donc à ce prodigieux Témoin du Verbe qui fut, en même temps, la gigantesque Victime des mauvais rois et des mauvais peuples, que pourraient se plaindre en leur langage les pitoyables créatures destinées à la préfiguration de l'Holocauste divin et que torture, en son nom, le dépositaire impie de sa gloire, pour l'excitation des sanguinaires appétits d'une populace. Car il est, en une façon mystérieuse, — à travers l'âme obscure de son infidèle petit neveu, — leur grossier pasteur et leur bourreau...

C'est pour cela, sans doute, que je la voyais si triste et si pâle, cette colossale physionomie du Porte-Christ, dans la perspective des siècles, de ces longs et douloureux siècles qui sont devant Dieu comme de la poussière et dont la furtive durée n'est que l'illusion des postérités prévaricatrices!

# II

# UN ORPHELINAT
### DE PARRICIDES

## II

## UN ORPHELINAT DE PATRICIDES

> Nor rain, wind, thunder, fire, are my daughters :
> I tax not you, you elements, with unkindness,
> I never gave you kingdom, call'd you children;
> You owe me no subscription !...
> SHAKSPEARE. *King Lear*, act. III, sc. II.

Connaissez-vous une réalité plus douloureuse, plus suggestive du néant de ce monde que l'avilissement d'une grande Race ? On peut faire le dénombrement des hontes humaines, on ne trouvera rien qui fasse exhaler à l'âme d'aussi prodigieux soupirs.

Les amoureux du Beau souffrent et saignent lorsque disparait quelque monument sublime. La dégradation ou l'altération d'un chef-d'œuvre est un deuil profond pour tous ceux qui savent l'importance infinie des miracles du grand Art et l'effort presque divin que suppose leur création.

On sent si bien que ces vénérables objets revendiquent, à leur manière, l'intégrité perdue de l'humanité, qu'ils protestent en leur langage contre les ténèbres, contre les souillures, contre les douleurs, contre la mort et qu'ils restituent quelque chose de substantiel qui vaut un peu plus que l'espérance et qui est à peu près autant que l'amour !

Il est si fort et si invincible, le Chérubin qui garde l'entrée du Paradis de délices avec son glaive « flamboyant et versatile ! »

Cette sentinelle fameuse dont le symbolisme résume expressivement l'effroyable histoire de l'orgueil déchu, n'est-elle pas, au sens universel des préfigurations de la Bible, une antiphrase glorieuse de cette impénétrable bêtise *au front de taureau* qui défend l'accès de la Joie suprême avec tant de fidélité ?

Car, enfin, c'est l'histoire de tous les siècles, cela ! C'est la rédivive et sempiternelle bataille des morts essayant de reconquérir la vie. L'innombrable armée du sépulcre a défilé six mille ans, les forts tombant sur les faibles, les brûlants tombant sur les forts, les tièdes sur les brûlants, les lâches sur les héroïques, les repus sur les affamés, les téméraires sur les prudents, les prudents sur les téméraires, et l'épouvantable Main du Seigneur tombant sur tous !

Devant les yeux de l'impassible Veilleur vainement criblé de leurs nomades injures, ces lamentables troupeaux de générations ont passé, les pieds en sang, les yeux en sang, la bouche en feu, la poitrine ouverte, en tordant leurs milliards de bras et le regard inexorable de l'Ange se déployait au-dessus d'eux, comme un pavillon de ténèbres, jusqu'aux extrémités de la terre.

De loin en loin, un audacieux, un Prométhée, un conquérant d'impossible, un dompteur de chimères, se présumant invisible ou supposant que la maternelle Douleur, — comme une vieille Thétis des larmes, — l'aurait fait invulnérable, se hasardait en frémissant, jusqu'au seuil terrible.

Il apercevait alors, dans l'éclair du glaive, les célestes futaies du Jardin et s'enfuyait, ivre pour jamais, emportant une inguérissable blessure qu'aggravait encore la funèbre sagesse de ses compagnons d'exil.

N'est-ce pas l'identique et simple drame de tous les aventuriers de la poésie qui ont prétendu ravir un blême reflet du crépuscule de la Vie, pour le réconfort de leurs misérables frères ? Ceux-là, d'ailleurs, ont presque toujours blâmé ces expéditions jugées onéreuses pour les fantômes et dommageables à la solidarité du néant.

Ce qu'ils ont laissé pourtant, ces escaladeurs du tonnerre, est précisément ce que la pauvre planète a de moins destructible et de plus radieux. Le roseau brisé transmet cet héritage précieux à la mèche qui n'a pas cessé de fumer et, d'âge en âge, il fait la consolation des mélancoliques mortels qui n'ont pas oublié leur patrie. Si, d'aventure, quelque parcelle, quelque atome en est égaré, c'est une avanie du destin, c'est un deuil énorme, je le répète, c'est un renouveau plus cruel de la mémorable Expulsion.

Mais le pressentiment de l'Infini par l'esthétique spéculative est une exception merveilleuse, un privilège dévolu à la plus haute aristocratie de l'intelligence, tandis que la masse humaine est ordinairement perméable au respect de la tradition des Races glorieuses.

Les plus misérables troupeaux conçoivent instinctivement la nécessité vitale du silence devant les tombeaux des anciens pasteurs et la canaille elle-même ne se permet pas aisément de mépriser la mémoire des êtres élus, charpentiers ou potentats, par qui l'Honneur des autres hommes fut créé, tiré du néant, façonné comme avec la main d'un dieu !

Nul n'échappe à l'intuition, précise ou vague, de cette loi formelle des générations qui met l'Absolu divin dans la personne des ancêtres couverts de gloire.

Si les grands Artistes sont semblables à des prophètes chargés d'insuffler le désir des réalités supérieures, les grands Chefs de race furent envoyés comme les patriarches de la multitude pour la sauver de son animalité, pour la tirer des lieux d'angoisse et pour la nourrir de patience dans les langueurs de l'interminable exil. Les premiers sont indispensables à l'élite humaine, les seconds assument la Providence et sont nécessaires à la subsistance du monde entier.

Le xixe siècle a profané beaucoup de tombeaux, à commencer par celui du Christ, et les peuples enragés du vin d'orgueil dont les saturaient leurs mercenaires, mais affolés de mystérieuse terreur, se sont raidis comme des limoniers sous la tempête, parce qu'ils avaient entendu quelque chose qui ressemblait au craquement des piliers du ciel.

Quelques-uns supposent que le temps est proche où le Seigneur Dieu va sortir de son silence et renouveler la face de la terre par l'émission d'un Esprit nouveau. Que sa volonté s'accomplisse, alors, sans délai, car le vieux monde, en vérité, ne peut plus tenir.

La société contemporaine est devenue un Orphelinat de parricides.

Le reniement de saint Pierre avait cette excuse qu'il fallait à l'Eglise, pour Pasteur suprême, un pénitent extraordinaire dont les yeux eussent versé des fleuves de pleurs. Il fallait ce crime énorme à la source même de l'Épiscopat pour que les portes du désespoir ne prévalussent jamais contre le Vicaire de l'Espérance. Puis, cet apôtre, après tout, ne renia Jésus que jusqu'à trois fois, jusqu'au nombre divin de *trois* fois, exactement ce qu'il fallait pour accomplir la prédiction de son Maître.

Que dire des lâches qui ne sont apôtres ni pasteurs, qui n'ont certes pas reçu les clefs du ciel, dont les yeux ont la sécheresse du puits de l'abîme, que le clairon des coqs de tout l'univers n'éveillerait pas et dont l'existence entière est un reniement perpétuel ?

Je parle de ceux dont la stricte consigne est de respecter leur propre sang, lorsqu'ils ont l'honneur inexprimable d'être les réservoirs de la sève d'un héros ancien ou d'un martyr.

On leur demande si peu de chose et leur tâche est si facile ! La conscience publique se contenterait de trouver en eux des dépositaires médiocres à peu près fidèles, sans prostitution d'humilité ni prostitution d'orgueil, reliquaires décents des grandeurs ancestrales dans les invalides Panthéons d'une société privée de grands hommes. Il paraît que c'est encore trop et qu'ils sont désormais incapables même de cela.

On a tout dit depuis longtemps sur les incréments actuels des hautes lignées. L'imagination littéraire s'y est épuisée. L'envieux esprit démocratique a fort bien vu leur dégradation, leur médiocrité, leur accablement sous le faix historique des magnificences répercutées dans leurs Noms, mais l'athéisme contemporain ne pouvait pas discerner le fratricide essentiel de ces déserteurs du *Pater noster*.

Une pitié sans mesure pourrait encore les sauver de l'anathème d'un monde que leurs prévarications imbéciles font agoniser. Ce serait la Pitié de Jésus en croix implorant le pardon de ses tourmenteurs insensés.

Ils ne savent guère ce qu'ils font, en effet, nos Trojugènes décapités, avortons chétifs des décapités de 93, ignorants eux-mêmes de ce qu'ils auraient dû faire. Ils aperçoivent peut-être encore quelques vagues points lumineux dans les encognures les plus reculées des siècles, et cela leur suffit pour piaffer d'un inane orgueil, quand le cheval pâle de la misère ne les talonne pas de trop près ; mais ce serait du délire de leur demander davantage.


L'Espagne, un jour, parut être la première d'entre les nations de l'Occident. Un personnage extraordinaire, *envoyé de Dieu*, lui avait donné la moitié du globe. On disait même que le soleil, fatigué d'éclairer tant de victorieux, n'avait plus un Océan solitaire pour se coucher dans ce vaste empire.

C'était environ le temps où la Très Chrétienne France, épuisée de ses mille ans de moyen âge, préludait au trafic de son droit d'aînesse par l'exemple contagieux des rébellions.

Sans doute ce royaume privilégié qu'on croyait être le premier après celui des cieux et dont le chef temporel était regardé comme le lieutenant de Jésus-Christ, n'abandonna pas immédiatement son antique foi, ainsi que la plupart des hérétiques nations du nord, pour jeter d'un seul coup ses millions d'âmes dans les ténèbres et l'enfer de glace.

La droiture de ce peuple ne lui permit pas de s'assimiler le poison d'orgueil où il ne trempa ses lèvres que pour le revomir aussitôt à la face des mauvais garçons qui prétendaient l'enivrer jusqu'à la fureur.

Mais il se laissa pénétrer d'un certain esprit d'inquiétude qui devint bientôt le ferment de cette inconstance tragique dont il devait, plus tard, épouvanter l'univers.

On est presque tenté de supposer que la

célèbre Terreur, qui paraît nous avoir guillotinés jusqu'à la septième génération, ne fut autre chose, après deux longs siècles de transformations infinies, que le délire obstiné de cette vieille menace d'hérésie dont le candide Moyen Age était mort d'effroi.

La Trinité sainte permit que la dure Espagne n'eut pas même un frémissement et c'est pour cela, sans doute, qu'elle devint si grande.

Funeste grandeur dont elle se crut l'ouvrière et qui la rendit un peuple de Pharaons, aussi peu capable de pitié que de repentir, engendrant des lords comme n'en a pas l'Angleterre, de sombres Seigneurs accoudés sur les balcons noirs du plus silencieux orgueil et regardant passer toute la terre avec l'éternel dégoût qui convient à des créanciers du ciel.

A coup sûr, il n'existe pas de pays au monde où le sentiment de la race ait autant de profondeur. Le monologue fameux de la galerie des ancêtres dans *Hernani*, n'est nullement excessif, comme l'ont prétendu les fanatiques douteux de l'égalité révolutionnaire.

La descendance présumée des Conquistadores ou des Matamores est un lustre suffisant pour les plus pouilleuses guenilles de la fière Espagne, et les moins authentiques de ces parchemineux hidalgos ne souffrent pas qu'on soit sans respect pour les Pyramides sourcilleuses qu'ils ont dans le cœur.

Ils ne font pas bon marché de leurs vieux titres plus ou moins irréfragables, ainsi que nos gentilshommes français le pratiquent, parfois, avec tant de désinvolture. Ils sont toujours au lendemain des conquêtes et leurs plus infranchissables sierras sont moins près du ciel que la cime chenue de cette jalouse Aristocratie.

On peut alors se demander avec anxiété ce que présage, pour une telle nation, le fait inouï d'un de ses plus éclatants seigneurs ayant déclaré la guerre aux traditions de sa propre race.

Il ne s'agit pas ici, qu'on l'entende bien, d'un patriciat incertain, de l'improbe vétusté d'un habitacle vulgaire, archaïquement badigeonné par la frauduleuse ambition d'un épicier romantique.

Il ne s'agit de rien moins que de la survivance du plus grand des hommes et je veux parler de son superbe héritier, duc de Veragua, unique descendant actuel de Christophe Colomb. *Descendant*, il est vrai, d'une bien lugubre façon et dans le sens le moins flatteur de cet équivoque substantif.

L'histoire de Christophe Colomb est assurément le plus victorieux démenti qui puisse être offert à ce préjugé banal d'une postérité infaillible et, par conséquent, toujours équitable envers les grands hommes.

L'injustice, au contraire, est, à l'égard de celui-là, si perpétuelle, si flagrante, si excessive, qu'on peut assurer qu'elle fait partie du Surnaturel d'exception qui fut la marque absolue, l'estampille même de Dieu sur ce prodigieux destin.

Il est certain, cependant, qu'il n'y a pas de nom plus universellement connu que celui du fameux *pilote génois* qui découvrit un jour, on ne sait comment, la moitié du monde, mais sa vie même est ignorée d'une ignorance valide, fortifiée, imprenable, impérissable, merveilleuse, pleine de majesté.

On ne veut absolument savoir de lui que cette idiote histoire de l'œuf inventée par un ennemi et propagée par le très bas cuistre protestant Washington Irving, qui ne paraît avoir écrit ses quatre volumes que pour certifier le rôle adventice et la mission purement humaine du Révélateur du Globe [1].

En France même, le seul pays du monde qui ait eu l'honneur, après trois siècles, de lui donner un historien [2], nul ne paraît savoir que ce navigateur studieusement rapetissé par la calomnie des historiographes de cour et la critique venimeuse des ennemis de la foi, fut, en réalité, l'un des hommes les plus inouïs qu'on ait jamais vus, un prédestiné dont la grandeur colossale déconcerte l'imagination, un patriarche et un prophète à la façon de Moïse ou du Précurseur.

Dans l'ordre historique purement humain, on ne sait pas davantage qu'il fut presque un roi, traitant d'égal à égal avec des rois victorieux et tout-puissants, consulté par le Saint-Père, et gouvernant, à titre perpétuel dans sa descendance, un monde nouveau découvert par lui, soixante fois plus grand que l'Espagne, — jusqu'au jour où le Prince in-

---

[1] Voir l'appendice B.

[2] Le comte ROSELLY de LORGUES, dont il sera parlé plus loin.

fâme qu'il avait doté de deux cents millions de sujets indiens, épouvanté d'un tel serviteur, le fit dépouiller par trahison et l'assassina de chagrin dans l'obscurité.

Je demande ici la permission de me citer moi-même et de recopier une page publiée depuis six ans, mais assurément ignorée puisque j'y glorifiais un homme qui paraît avoir l'occulte puissance de priver de lecteurs ses panégyristes.

« La fin de Christophe Colomb est bien connue. Tout le monde peut savoir que ce grand homme fut abandonné du misérable roi qu'il avait fait le plus puissant de la terre et qu'il mourut dans la plus obscure indigence, après avoir été chargé de fers et livré aux plus vils outrages qui aient été endurés par un mortel depuis la Passion de Notre-Seigneur Jésus-Christ.

« La magnificence morale de ces faits demeure ignorée, mais, enfin, ces faits eux-mêmes sont connus. Ils resplendissent au fond des ténèbres diaboliquement accumulées sur cette infortune à laquelle rien d'humain ne pourrait, sans ridicule, être comparé.

« L'ingratitude colossale de Ferdinand épuise, du coup, l'imagination. Depuis l'Iscariote, il n'y avait eu rien d'aussi complet. Il y a là un tel repli d'iniquité, qu'on est tenté de supposer que la prompte déchéance de l'Espagne en a été le châtiment et que la Justice de Dieu a vengé sur toute une nation les inénarrables offenses de son deuxième Précurseur.

« Car l'Espagne entière fut aussi coupable que son roi. A part deux ou trois hommes absolument sublimes et qui poussèrent le dévouement jusqu'à l'héroïsme de la plus parfaite abnégation, Christophe Colomb qui jetait sur les épaules de l'indigente Castille une parure d'îles et de continents aussi vastes que quatre fois l'empire d'Alexandre, ne put trouver dans tout ce peuple ni un semblant de pitié pour ses malheurs, ni une grimace de sollicitude pour sa mémoire.

« Quand il n'eut plus rien à donner, on le jugea un serviteur inutile. Quand il tomba en défaveur, il n'y eut pas jusqu'au plus vil misérable qui ne se crût en droit de l'outrager ; « mais, dit-il, grâce à Dieu, on le contera quelque jour par le monde à qui aura le pouvoir de ne le point souffrir... Dieu, notre Seigneur, reste avec sa puissance et sa science, comme auparavant, et il châtie surtout l'ingratitude ».

« Vers la fin de son quatrième voyage, le plus douloureux et le plus tragique de tous, comme aussi le plus chargé de faits surnaturels, se voyant naufragé, trahi, malade, abandonné de tous sur un point de ce Nouveau Monde qu'on ne lui pardonne pas d'avoir découvert, il écrit une dernière fois aux Rois Catholiques et l'énormité de l'injustice, l'excès de l'ingratitude commise contre lui, l'attendrissent sur son propre sort.

« Le caractère épique de ses malheurs, la gigantesque poésie de ses épreuves de mer, l'iniquité qu'il subit, assurément la plus incomparable après celle des Juifs envers le Sauveur, le transportent au delà du temps ; et le Révélateur du Globe, se plaçant au point de vue de la postérité, déplore la destinée mortelle de Christophe Colomb.

« Il s'écrie : « J'ai pleuré jusqu'à présent sur les autres ; maintenant que le Ciel me fasse miséricorde et que la Terre pleure sur moi !... Qu'il pleure sur moi, celui qui aime la charité, la vérité et la justice¹. »

« Ce n'est point la Castille ou l'Europe que le Messager de la Croix convie à pleurer sur lui, c'est le monde entier qu'il fut chargé d'amplifier et d'arrondir comme une sphère impériale pour la domination future de Jésus-Christ : *Que la Terre pleure sur moi*² ! »

Si Christophe Colomb pleurait alors sur lui-même ces larmes grandioses qui font penser aux fontaines lumineuses des lamentateurs bibliques, et si sa détresse paternelle avait besoin des gémissements du globe, quel n'eût pas été l'infini de son désespoir s'il avait pu pressentir le marécage de pestilence où devait, après trois siècles, sombrer sa Maison ?

Le duc de Veragua, en effet, n'est pas de ces gentilshommes qui s'arrangent pour déshonorer leurs ancêtres sans cesser d'en être orgueilleux. Les ordinaires brelandiers aris-

---

¹ « *Yo he llorado fasta aqui d'otros ; haya misericordia abora el Cielo, y llore por mi la Tierra... llore por mi quien tiene caridad, verdad y justicia.* »

² Léon Bloy. *Le Révélateur du Globe.* Paris, Sauton, 1884.

tocratiques dont la vilenie n'est pas ambitieuse, peuvent aisément s'accommoder de croupir sous l'or pâlissant des titres fameux que leur néant s'amalgame et cela suffit amplement à ces avortons du cœur.

Le hautain duc ne s'en accommode pas. Il n'entend pas être l'héritier d'un homme de génie sans élever des protestations et il supporte bien moins encore d'être présumé le légataire des vertus d'un saint.

La splendeur intellectuelle de son Ancêtre est un nuage sur son libre esprit et l'admiration de l'Eglise pour le Christophore est comme un glaive dans son juste cœur.

En conséquence, il fait la guerre à ce Patriarche en poussière qui ne sortira pas, il le sait fort bien, de son vieux sépulcre pour venir lui casser la tête avec son cercueil.

Cette campagne d'un genre nouveau doit pourtant étonner un peu la Grandesse impassible des quatorze Espagnes. Il est vrai que cette Grandesse enrichie naguère jusqu'à la pléthore de la dépouille du Vice-Roi des Indes, est naturellement disposée à bien accueillir toute profanation, même filiale, de cette importune mémoire dont le déshonneur authentique légitimerait enfin quelque peu l'opulence des pilleurs d'épaves.

D'autre part, le Découvreur du Nouveau Monde, magistralement détroussé par elle, n'ayant été, à ses yeux, qu'un Génois imposteur et un croquant famélique, elle ne saurait trouver inouï que sa descendance, même si posthume, ait l'inclination d'être sacrilège.

Mais, par malheur, le duc de Veragua qui travaille si diligemment à la satisfaire, est un personnage notoire qu'il est impossible, hélas! de mépriser tout à fait, quand on est un grand.

Il a presque le rang d'un Prince de lignée royale, il est autant, par sa seule naissance, que les amiraux et les généralissimes et l'on assure que sa légitime part de l'ancienne curée des molosses est considérable encore.

Cette inaccessible aristocratie doit donc, malgré tout, se sentir solidaire de ce parricide crétin dont l'imbécile attentat déconcerte ses traditions et pour la première fois, de puis trois cent quatre-vingt-dix ans, se trouver atteinte et navrée des mêmes outrages que Christophe Colomb.

Le rôle de Cham n'a jamais excité beaucoup d'enthousiasme parmi les hommes, mais les plus rudimentaires cerveaux peuvent concevoir que l'impiété de ce patriarche des esclaves soit surtout abhorrée des aristocraties endettées de sang ou d'ordures, qui sont forcées de s'envelopper dans des tabernacles et des vêtements de bronze pour échapper à l'inquisition redoutable des esprits désobéissants.

L'héritier des Vice-Rois et des Amiraux s'embarrasse peu de ces considérations qu'il est, d'ailleurs, vraisemblablement incapable d'élaborer.

Son activité cérébrale ne paraît avoir d'autre objet que le fastueux entretien de deux passions fauves qu'il met sa gloire à nourrir : le patronage des tauromachies et l'extinction de la renommée du Révélateur.

La première de ces deux passions n'est intéressante que parce qu'elle alterne avec la deuxième. On aime à connaître les délassements d'un fils quand il se repose d'insulter son père.

J'en parlerai donc, s'il plaît à Dieu. Mais, auparavant, je supplie mes contemporains d'admirer encore avec moi l'incomparable aventure de ce gentilhomme désolé de la grandeur de sa Race et cherchant, par les plus roturières pratiques, à se réhabiliter de ses ancêtres.

Malgré l'ignorance universelle que je signalais tout à l'heure, on connaît, du moins en partie, l'infortune miraculeuse de Christophe Colomb.

Tout individu gratifié d'un défrichement primaire est forcé de savoir que cet homme sans pareil fut atrocement persécuté. Ses fers de captif sont même devenus un lieu commun de la rhétorique de louage la plus usée, la plus élimée, la plus révoquée par les indigents de l'écritoire. Les faits essentiels sont, pour la plupart, indispensablement consignés dans les moins recommandables histoires de la Découverte.

Mais ce qu'on ignore, c'est le prodige de l'acharnement espagnol sur la personne et sur les enfants du bienfaiteur de l'Espagne, acharnement qui dura trois siècles et qui ne peut être expliqué que par l'abomination sans réplique des raisons d'Etat.

C'est l'occasion d'une étrange angoisse que d'étudier en détail la persistance inouïe de cette injustice, les diaboliques mesures contre la renommée de Colomb, maintenues attentivement par tous les rois d'Espagne sans exception, indépendamment des transformations dynastiques; les précautions de ces Princes contre la véracité de l'histoire, la sauvage destruction des écrits du Révélateur et des documents relatifs à la Découverte, et l'obscurcissement systématique de cette admirable gloire.

On peut alors vérifier ou conjecturer l'importance affreuse des iniquités qu'il s'agissait de cacher à toute la terre et dont l'Apôtre du Nouveau Monde fut la colossale Victime !

Cependant, tout s'épuise, à la fin, et tout disparaît, même ce qui survit aux conquêtes et aux dynasties.

La mémoire de Christophe Colomb n'est certes pas honorée et ne le sera sans doute jamais, dans cette orgueilleuse Espagne incapable de pardonner l'aumône qu'on lui fit d'un monde. Mais l'odieuse prudence de ses monarques et de leurs ministres est heureusement en défaut.

L'obstination héroïque d'un grand écrivain français les a tous déçus. Le Comte Roselly de Lorgues a répandu la lumière jusqu'au plus profond des cavernes politiques où se tapissaient héréditairement les spoliateurs, l'opinion chrétienne a fini par s'en émouvoir et la surnaturelle figure du Révélateur glorifiée par la sainte Eglise pourrait enfin sortir des ténèbres et resplendir, comme celles des Compagnons du Seigneur, dans le ruissellement lumineux des apothéoses !...

Un seul homme a prétendu qu'il n'en serait pas ainsi et cet homme est son unique et son dernier descendant.

Ne vous semble-t-il pas qu'il faudrait un huitième Don de l'Esprit-Saint pour s'étonner suffisamment de cette monstrueuse folie ?

Alors que l'Espagne devenue un peuple démocratique enivré de nouveautés imbéciles, a l'air de quitter enfin sa vieille rancune contre le Donateur de cette moitié du globe dont elle a depuis si longtemps perdu la domination ; quand ses grands eux-mêmes qui faisaient autrefois comme une ossature à son implacable orgueil, fraternisent en quelque manière avec l'héritier de leur séculaire Victime ; — celui-ci se lève à son tour, au milieu de la stupeur universelle, et déclare qu'il ne souffrira pas un moment de plus l'accalmie des insulteurs.

Si personne parmi les nobles ou la populace ne se présente désormais pour conspuer son Ancêtre, c'est lui seul qui s'en chargera et l'on verra bien, dans la patrie du Campéador, si les enfants, aujourd'hui, sont inhabiles à lancer l'ordure au visage de leurs vieux pères.

En conséquence, il recueille dans les lieux bas où cela se trouve ordinairement, les goujats de plume et les chacals d'académie qui se repaissent de l'honneur des morts en l'obscurité des archives, les voleurs de petits chemins de l'érudition toujours prompts à dérober d'impondérables documents bâtards dont l'authenticité n'est garantie que par le honteux profit que peuvent en retirer les fraudeurs d'histoire.

Quoi de plus facile, d'ailleurs, que les imputations calomnieuses, quand il s'agit de Christophe Colomb dont la *vie cachée* dura trois siècles et plus, par la volonté des plus puissants rois et dont la gloire effrayante fut obnubilée en vue de leur plaire, par plusieurs générations de ces historiographes ou panégyristes aphones qu'on pourrait nommer les spadassins du silence !

On devine aisément que l'opulent duc eut peu de peine à dénicher des serviteurs de son impiété et que les bouviers d'ignominie durent affluer en ses pâturages. Les savantasses pharisiens de la bibliographie, les scribes du pédantisme universitaire, les princes des prêtres de la cuistrerie voltairienne et les sycophantes académiciens du diable accoururent à ce Mécène de leur turpitude et s'abattirent autour de lui comme les cantharides de la mort autour d'un cadavre.

Un parricide est comme du miel, je le suppose, pour les frelons des charniers.

Il n'y eut qu'un cri dans les vomitoires de l'impiété pour célébrer la grandeur d'âme de ce grand de chair qui redonnait à la vermine les reliques de son saint Aïeul et qui livrait aux chiens des tombeaux l'honneur de sa Race en échange d'un diplôme d'apostasie !

III

# LE PANDEMONIUM
### DES IMBÉCILES

## III

## LE PANDEMONIUM DES IMBÉCILES

> Ce gouffre, c'est l'enfer, *de nos amis peuplé !*
> BAUDELAIRE. *Fleurs du mal.*
>
> Stultorum numerus est infinitus.
> ECCLESIASTE.

Tel est, sans détour, le vrai fond du drame ou plutôt, de la farce ignoble qui se joue en ce moment sur tous les tréteaux du libéralisme espagnol.

La mort veut reconquérir sa proie. Christophe Colomb avait l'air d'être sur le point, de ressusciter dans la gloire immense des élus. L'Église parlait déjà de lui rendre la vie en le plaçant sur ses autels de miracles.

Les sépulcres, aussitôt, s'en sont indignés en leurs conciles et les acéphales accroupis sur la chaire de pestilence ont promulgué leur déplaisir.

L'athéisme qui ne se sent pas suffisamment recommandé par ses grands hommes, a besoin du Révélateur que, dès longtemps, il avait entrepris de confisquer.

Puisque cette Église qu'on ne peut pas tuer a la prétention de l'honorer comme un saint, les derniers efforts doivent être accomplis en vue d'arracher de ses lumineuses mains cette pauvre poignée de poussière.

Il s'agit d'établir, par toutes les calomnies et tous les sophismes imaginables, que le Découvreur du Nouveau Monde était simplement un aventurier supérieur, une espèce de casse-cou de l'Océan, quelque chose enfin comme un Polonais de l'Atlantique, missionnaire de sac et de corde dont la témérité fut heureuse et dont les ossements doivent, à coup sûr, tressaillir de joie pour l'extrême honneur qu'on lui fait de l'estimer à l'égal d'un précurseur de notre progrès ravissant.

Il faut donc, à tout prix, le convaincre de petitesse, de tâtonnements et d'erreurs, au besoin, lui trouver des crimes ou, du moins, d'inexcusables faiblesses. Il restera ce qui pourra, mais si peu qu'on lui laisse, Christophe Colomb sera toujours un assez grand homme pour ces avortons équitables, toujours prompts à décerner l'apothéose à qui leur ressemble.

Mais il importe, avant tout, d'écarter le Surnaturel, d'effacer et de corroder avec les vinaigres puissants de la critique, le caractère providentiel de Colomb, ses vertus catholiques, sa candide foi, sa miraculeuse espérance et son prodigieux amour.

Et remarquez l'urgence extrême d'en finir décidément avec tout cela, car voici, demain, le quatrième centenaire de la Découverte.

Dans deux ans, le 12 octobre 1892, les marines du monde entier pavoiseront leurs navires dans les deux hémisphères et chanteront le lever du jour comme il ne fut jamais chanté.

L'angelus des tonnerres passera d'un monde à l'autre sur la houle des océans et s'enfoncera dans les continents profonds sur la croupe des immenses fleuves, pour s'en aller mourir sur les lacs rêveurs qui frissonneront de ce bruit des hommes dans leurs solitudes.

L'énorme monde américain sera secoué, du nord au sud, par l'unanime commotion des cœurs qui sentiront partout en ce jour le désarroi merveilleux des grandes allégresses publiques et les plus indignes n'échapperont pas à cette immersion d'enthousiasme qui recommencera le déluge.

Du Pacifique à l'Atlantique et de la Terre-de-Feu jusqu'à la baie d'Hudson, l'ivresse humaine percera les forêts, chevauchera les montagnes, franchira les golfes et les estuaires. Les races les plus hostiles oublieront un instant de se maudire ou de s'entre-dévorer.

Cette Amérique étrange et presque infinie qu'on croirait avoir été engendrée, comme un enfant, de la volonté d'un seul homme, trouvera, pendant la durée d'une rotation de la terre, assez d'unité pour crier la gloire de l'incomparable mortel qui l'a tirée du néant.

Ce quatrième centenaire de la nativité du Nouveau-Monde s'annonce, en effet, comme devant être partout une solennité sans pareille. L'Amérique ne se borne pas à multiplier les marbres et les bronzes en l'honneur de celui qui nous la révéla. Elle médite pour ce héros d'exception le plus exceptionnel de tous les hommages.

Il y a quelques années, l'honorable Page, député de la Californie, assisté de ses collègues Garfield, Davis et Pacheco, a soumis au Congrès des États-Unis la proposition de reconnaître le 12 octobre comme fête légale de la nation.

Le Mexique projette une Exposition générale exclusivement américaine qui serait inaugurée, le même jour, en l'année 1892, avec un déploiement inouï de magnificence.

Enfin, on a parlé d'un monument colossal, d'aspect cyclopéen, de proportions fabuleuses, hommage des Deux Mondes, qu'on devrait ériger à Colomb dans la partie méridionale du Nouveau Continent, à l'aide de souscriptions ouvertes chez tous les peuples civilisés.

L'Europe ne demeure pas étrangère à ces préoccupations. Dans maintes sociétés savantes, il a été question de ce centenaire. On s'en est entretenu dans les congrès géographiques. L'Italie, paraît-il, ne veut pas se laisser devancer par d'autres pays en cette occurrence. On a fait circuler en plusieurs villes un programme des fêtes qu'on pouvait organiser à cette occasion. Turin, Milan et

Venise semblent avoir le projet d'étonner le monde.

A Gênes même, lieu de naissance du Navigateur et cratère principal du volcan d'ordures dont les pédants du rationalisme voudraient salir son histoire, à Gênes, on proposait de préparer, en vue de cette époque, une Exposition italienne accompagnée de fêtes historiques surpassant tout ce qui s'est vu.

Mais ce qui est, plus que tout le reste, significatif, c'est qu'à son tour l'Espagne, cette bourrèle de son Bienfaiteur qu'elle a si affreusement persécuté jusque dans sa descendance, embrasée d'une soudaine ferveur, a l'air désormais d'adorer Colomb et s'avise de revendiquer exclusivement, comme sa propriété légitime, le Révélateur du Globe. Tout ce qui est de Colomb semble lui être devenu personnel.

Madrid prend l'avance. On y combine, dès à présent, des fêtes qui solenniseront, aux bords du Mançanarez, le quatrième séculaire de la Découverte. Il s'est formé dans ce but une *Société Colombine* sous la présidence indigne du duc de Veragua, inutile héritier du titre concédé à don Luiz, petit-fils de Colomb.

Ce nom seul, il est vrai, nous avertit amplement de l'odieux esprit de ces réjouissances dont l'auguste Face du Patriarche des Missionnaires sera souffletée, par conséquent, une fois de plus.

Assurément, dans la solennité du 12 octobre, Séville, à juste titre, voudra l'emporter sur Madrid. Il y aura émulation de magnificence. L'antique splendeur castillane reparaîtra dans l'anniversaire de ce jour qui fut le suprême triomphe de la Foi catholique, mais que nos Espagnols dégénérés envisageront, je le crains bien, d'une autre manière.

Toutefois, c'est aux lieux mêmes d'où partit Colomb pour son Entreprise que nous verrons surtout accourir de tous les points de l'Espagne, du Portugal et du littoral de la France, de pantelantes multitudes.

La province d'Huelva sera submergée par la curiosité européenne. Les eaux de l'Odiel et du Rio-Tinto disparaîtront sous les pavois des embarcations et leurs rives deviendront un campement babélique.

On a décidé de reproduire exactement la scène du départ de Colomb avec des caravelles construites et gréées sur le modèle des siennes, pourvues d'équipages vêtus comme ils l'étaient alors. Il y aura également le simulacre du retour de l'Amiral sur la petite *Niña* et de son entrée au port de Palos, etc...

Enfin, l'Espagne fera vraisemblablement tout ce qu'une nation peut faire, sinon par amour pour un grand homme qu'elle a si longtemps méconnu, du moins par ce sentiment d'honneur imbécile qui pousse les dindons humains à se rengorger d'un trésor dont ils ignoraient la valeur, aussitôt que leur caroncule en est informée par la convoitise des alentours.

Il est facile, après tout cela, de concevoir la ferveur du prosélytisme des Loges et des Vénérables, car la Franc-Maçonnerie qui règne maintenant en Espagne comme partout ailleurs, se cache très peu d'être l'ennemie de la gloire catholique de Christophe Colomb.

C'est elle qui mène à peu près ouvertement l'active campagne entreprise depuis vingt ans, en Italie d'abord, puis en Espagne, contre le projet de Béatification du Révélateur, — projet conçu par Pie IX, acclamé par les Pères du dernier Concile et dont l'accomplissement est sollicité du Vicaire actuel de Notre-Seigneur Jésus-Christ par le Catholicisme tout entier, représenté par plus de *huit cent soixante* Évêques adhérents au *Postulatum* dont le comte Roselly de Lorgues est le dépositaire officiel.

Ce fait considérable est assez connu, mais ce qui l'est un peu moins en France, c'est l'effort enragé de l'athéisme, du rationalisme, du naturalisme et généralement de tout ruffianisme ultramontain pour amener l'avortement de ce grand dessein.

L'importance inouïe de la décision papale que les catholiques implorent, est surabondamment démontrée par le zèle que déploient les mécréants pour la retarder ou la prévenir.

Il est clair que le Prince du Monde a effroi de Christophe Colomb. Il revendique cette gloire immense à l'unique fin d'en priver l'Eglise et la Papauté. On dirait vraiment que le *nom* de ce Porte-Croix angélique est un palladium suprême qu'il suffit d'arracher au Vatican pour le renverser.

En conséquence, la Franc-Maçonnerie qui résume excellemment toutes les formes imaginables de l'hostilité contre Dieu, a recruté partout ses estafettes ou ses plantons. Le monde politique, le monde savant, le monde chenapan, le monde imbécile et jusqu'au monde ecclésiastique, lui ont fourni des agents pleins de clairvoyance ou d'irresponsables mais obéissants suppôts.

Elle a fait écrire ou parler les uns, en même temps qu'elle excitait les autres à vociférer. Elle s'est glissée dans les conseils des grands, s'est assise dans les cabarets populaires et dans les comptoirs bourgeois, s'est coulée enfin, comme un scolopendre venimeux, jusque sous la nappe de l'autel, jusqu'à l'intérieur du Tabernacle terrible, où de tristes prêtres l'ont abritée dans le voisinage de leur Dieu vivant.

Par ceux-là, surtout, l'incertitude est entrée dans un grand nombre de cerveaux chrétiens dont la froideur de glaçons polaires tient en échec le symbolique Vaisseau de la Papauté.

Pour ne citer qu'un exemple, il existe à Gênes un déplorable chanoine, ami sacrilège des profanateurs qui l'utilisent, dont l'ignoble existence ne paraît avoir d'autre objet que d'insulter à la mémoire de Christophe Colomb.

Rien ne peut égaler l'acharnement soutanier de cet effroyable cuistre. On est forcé d'en chercher le mobile dans la région des Ténèbres, car humainement, c'est inexplicable.

L'abbé Sanguinetti a tout mis en œuvre pour déshonorer le Révélateur du Globe et son glorieux historien français, le comte Roselly de Lorgues.

A Gênes seulement, il est vrai, des ecclésiastiques, inspirés par lui, osèrent vilipender le Serviteur de Dieu. Mais, de nombreux amis laïques de cet étonnant séducteur, répandus par toute l'Italie, donnèrent le spectacle inouï d'un dévouement poussé jusqu'au déshonneur volontaire.

Par la plume ou par la parole, un dénigrement sans exemple fut excité à Turin, à Pise, à Florence, à Plaisance, à Modène, à Rome même et jusque dans le palais du Souverain Pontife...

Ce mauvais prêtre évidemment dévoué aux fétides passions de la secte maçonnique, n'est ici qu'un exemple, je le répète, mais on est forcé de reconnaître, en gémissant, que de tels efforts ont pour effet de désintéresser beaucoup de chrétiens de la grande Cause du Messager de l'Evangile, dont les ennemis de l'Eglise discernent si nettement la vitale importance.

« Veut-on savoir, dit le comte Roselly de Lorgues, les effets de l'indifférence catholique à l'égard de cet incomparable Serviteur de Dieu ? Les voici.

« Le clergé ne revendiquant pas, comme lui appartenant, l'homme qui a le plus servi l'Eglise, l'impiété en a fait aussitôt sa proie. Il y a quelques années, le savant et courageux abbé Margotti déplorait l'outrage commis contre Colomb par le gouvernement Piémontais, en plaçant son effigie en face de celle de Cavour, sur les billets de banque, mettant ainsi au même rang le défenseur de la Royauté pontificale et le destructeur du Pouvoir temporel.

« Depuis lors, les démocrates italiens ont entrepris de confisquer cette personnalité vénérable. Ils ont prostitué le nom de Colomb, le traînant dans leur fange, le donnant à des écoles d'enseignement obligatoire et laïque, à des tavernes, des estaminets, des tripots. Les sectaires des sociétés occultes, les agents du communisme et de l'Internationale, ces violents ennemis de la

Papauté, l'ont pris pour mot de passe. Ils ont souillé à plaisir ce Nom sublime, le faisant servir à fonder, qui l'eût osé croire !... une loge de francs-maçons !

« Poursuivant leur abomination, ils ont attribué un rôle à Christophe Colomb, dans une de leurs scènes favorites d'impiété. Le 17 mars 1872, ils lui ont réservé une place marquante à l'enterrement civil le plus solennel qu'on ait encore vu : celui du chef démoniaque des révolutionnaires, le grand hiérophante de l'assassinat, le frénétique Mazzini.

« Ils ont mis sur le char funèbre, près du cercueil, le portrait du Serviteur de Dieu avec ceux de l'hérésiarque Arnaud de Brescia, du conspirateur Colas de Rienzi et du ténébreux Machiavel, et ces funérailles impies n'ont soulevé personne [1]. »

Voilà ce que rapporte l'ingratitude. Je n'ajouterai pas mes réflexions à ces lignes effrayantes publiées, il y a seize ans.

Il doit suffire de rappeler, une fois de plus, à tous ceux qui aiment encore « la charité,

[1] *L'Ambassadeur de Dieu et Pie IX*, Plon, 1874.

la vérité et la justice » que le quatrième séculaire de la Découverte est imminent désormais. Il est aisé de prévoir qu'avec la fureur d'idolâtrie qui possède ordinairement les peuples sans Dieu, ce centenaire sera inouï. Deux ans à peine nous en séparent. Que fera le Catholicisme en ce jour ?

« Sans les sourdes menées de quelques *pieux* personnages, dit encore l'historien de Christophe Colomb, qui prétendent servir les intérêts de la Papauté, la position du Serviteur de Dieu dans l'Eglise serait déjà authentiquement définie. Et, dès l'instant où, par l'introduction de la Cause, le Saint-Siège aurait reconnu la gloire catholique de Colomb, les révolutionnaires, les athées, les positivistes n'oseraient plus se l'approprier. Ces superbes ont horreur des saints. Ils s'en éloigneraient soudainement comme Satan du corps de Moïse, devant l'Archange saint Michel. »

On le voit, rien n'est plus pressé pour les sectaires antichrétiens, quel que soit leur nom, que de s'opposer, par tous les moyens possibles, à l'exaltation catholique de Christophe Colomb. Il leur faut, à tout prix, ce Nom devenu magique, ce Nom-talisman dont le mystérieux pouvoir est certain pour leur clairvoyance de déchaînés.

Ils se feraient thaumaturges, ils accompliraient le miracle de devenir des gens de génie, pour confisquer au profit de leur fuligineux almanach cette éblouissante renommée. Ils savent, en même temps, qu'il n'y a pas une heure à perdre, car il suffirait d'un seul acte émané du Souverain Pontife pour stériliser leurs complots.

Or, la Franc-Maçonnerie qui est l'Impératrice fidèlement obéie de toutes les provinces du sectarisme et de tous les départements de l'impiété, après avoir consciencieusement ensemencé l'Italie de son ivraie de blasphème et d'apostasie, a décrété le défrichement de l'Espagne.

Il faut croire que ce nouveau sol était agréablement disposé, puisque le succès a dépassé les plus folles espérances.

Le grain n'avait pas touché la terre que déjà blondissait une abondante moisson de canailles et d'énergumènes. Presque aussitôt on put récolter des nobles, des bourgeois, des fonctionnaires, des législateurs, des truands et des académiciens.

Mais surtout on eut la joie de recueillir et de mettre en grange le très haut duc de Veragua, marquis de la Jamaïque, grand Amiral de l'Océan, Gouverneur des Indes, Sénateur du royaume et trois ou quatre fois grand d'Espagne, du seul chef de son immortel Ancêtre et qui, par surcroît, s'est donné la peine de naître valet d'écurie des toréadors et valet de cœur des rénégates affiliations dont il commandite les attentats.

Entendons-nous, cependant. Mes informations personnelles ne me permettent pas de garantir l'illumination de ce seigneur.

Il se peut qu'il soit compagnon, qu'il soit vénérable, ou même chevalier *Kadosch*. Qu'on l'ait affublé d'azur, d'écarlate, ou des redoutables insignes noirs, j'ai la disgrâce de ne pouvoir me prononcer sur l'un de ces points avec précision, et je ne prétends pas aller au delà d'une plausible conjecture.

Mais le duc de Veragua est un instrument si docile et si respectueux de la franc-maçonnerie, qu'il pourra s'estimer encore trop heureux d'être supposé « un peu au-dessous des anges » de l'Initiation.

Ce serait beau, pourtant, que le descendant actuel du Porte-Christ, de l'Ambassadeur de Dieu, du Conculcateur de la Mer Ténébreuse, fut un véritable franc-maçon !

Je prie qu'on m'éclaire, j'implore des renseignements véridiques. L'héritier des titres et dignités de Colomb est-il ou n'est-il pas franc-maçon ?

Ah ! que ce serait sublime de contempler en esprit ce fils de Celui qui dompta les Epouvantes, accomplissant, en souvenir des trois premiers voyages du Révélateur, les « trois voyages » rituels, gravissant les degrés de l' « échelle sans fin » et faisant, aussitôt après, les « trois pas sublimes dans l'angle d'un carré long ! »

Ne vous semble-t-il pas qu'un tel spectacle est à mourir de ravissement et serait-ce trop, vraiment, de féliciter en conscience et d'exalter jusqu'aux étoiles, une maçonnerie capable de capitaliser ainsi l'héroïsme de cet hidalgo dont le bon vouloir fait un paillasson de la plus grande Gloire chrétienne, pour les bottes crottées de ses mystagogues ?

Puisque, de manière ou d'autre, le fier duc est en condition chez les joyeux enfants du *mystère*, j'ose avouer qu'il ne me déplairait pas de savoir qu'il déplore sincèrement l'assassinat d'Adoniram, architecte du Temple de Salomon, par les trois compagnons jaloux, Jubelas, Jubelos, et Jubelum ; qu'il peut prononcer, sans crever de respect, des noms de loges tels que ceux-ci : les *Admirateurs de l'Univers*, les *Zélés Philanthropes*, le *Saint-Antoine du parfait contentement* (?), les *Amis triomphants*, la *Clémente Amitié cosmopolite*, les *Disciples de Memphis*, la *Rose du parfait silence*, etc.

Je serais efficacement consolé d'apprendre qu'il s'enivre quotidiennement d'images symboliques, d'équerres, de compas, de glaives *flamboyants*, de lunes et d'étoiles et qu'avec un attendrissement occulte, il a remplacé le langage du Christophore par l'argot divin de la secte, lequel veut probablement en Espagne, aussi bien qu'en France, que le pain soit appelé *pierre brute*; le vin, *poudre forte* (*blanche* ou *rouge*) ; les bouteilles et carafes, *barriques*; les verres, *canons*; l'eau, *poudre faible*; les liqueurs, *poudre fulminante*; les bougies allumées, *étoiles*; les serviettes, *drapeaux*; les assiettes, *tuiles*; les plats, *plateaux*; les cuillers, *truelles*; les fourchettes, *pioches*; les couteaux, *glaives*; le sel, *sable*; le poivre, *sable jaune*; les aliments, *matériaux*; les chaises, *stalles*...

Il n'y a que deux sortes d'hommes en ce monde, disait un ancien, — Tacite, si j'ai bonne mémoire, — les hommes faits pour commander et les hommes faits pour obéir. C'est une proportion de un à dix mille environ, comme dans l'armée qui est le type accompli de toute hiérarchie terrestre.

La plupart des francs-maçons appartiennent à la seconde catégorie. Ils étaient nés pour végéter et pour germiner obscurément dans les plates-bandes soigneusement irriguées du potager social. Ils eussent accompli leurs utiles et rudimentaires destins sous l'œil vigilant des arracheurs d'ivraie et des émondeurs de sauvageons.

Mais voici : l'Eglise et l'Etat ayant été séparés par le simple fait d'une législation athée, l'Eglise a été privée du concours des lois civiles de répression et le pauvre têtard politique appelé bourgeois, sollicité à la fois, comme Hercule adolescent, par le vice et par la vertu, s'en est allé du côté où l'on avait l'air de s'amuser davantage et il est devenu franc-maçon.

C'est l'affaire d'un homme de génie de raconter l'histoire des progrès de la bêtise européenne dus à l'extraordinaire diffusion de la lumière maçonnique dans ce dernier siècle.

Nous avons tous connu de ces bons crétins, fiers de leurs insignes et décrétant à tout propos leur propre importance, contempteurs adipeux de la Religion et du Clergé, parfaitement assurés d'être redoutables à Dieu et aux rois et se reposant des vulgaires soucis de leur boutique ou de leur ménage par le fraternel délassement des *travaux de table*.

Ces ruminants ont été montrés dans mille romans et ils ont fait les délices de plusieurs littératures. Mais c'est surtout en province et à l'étranger qu'il est agréable de les étudier.

Ils sont, je l'ai dit plus haut, les enfants du *mystère*. Sans doute, ils méprisent très virilement les mystères de la Foi chrétienne, mais ils se tiennent dans un tremblant respect devant le sot mystère de la foi maçonnique.

On leur a fait subir les idiotes épreuves d'où ils sont sortis ruisselants de gloire et ces superbes Capanées qui n'ont pas assez d'injures pour la filiale soumission des chrétiens, font le serment de la plus aveugle obéissance à un pouvoir occulte qu'ils ne connaîtront jamais et qu'il leur faudra servir tant qu'ils vivront et quoi qu'il ordonne, jusqu'à répandre leur sang pour lui.

La Lettre Encyclique de Léon XIII publiée en 1884, avertissait une fois de plus la prétendue société chrétienne, tant de fois et si vainement avertie, de l'effroyable danger de ces comités clandestins.

Longtemps avant lui, Clément XII en 1738, puis Benoît XIV en 1751, les avaient condamnés comme *sataniques* et ces actes de l'Autorité suprême furent renouvelés en ce siècle par Pie VII, par Léon XII épouvanté et enfin, le 25 septembre 1865, par Pie IX qui eut la gloire de protester presque seul, avec tant d'énergie et au risque de sa propre vie, contre toutes les stupidités homicides de son siècle.

Qui donc les écouta et voulut les croire ? L'infaillibilité doctrinale du Saint-Père est une simple facétie pour les quatre-vingt-dix-neuf centièmes de l'humanité civilisée et c'est même une question pour beaucoup de catholiques ruineux, qui n'ont pas assez de virilité pour opter entre une franche apostasie et la parfaite adhésion du cœur.

C'est qu'il ne s'agit pas seulement de sauver les âmes et de sauver les Etats, il faut encore sauver l'intelligence humaine qui est en perdition sur un océan de bêtise et qui va tout à l'heure être engloutie.

Mais, hélas! il est bien tard. Quand les hommes faits pour obéir n'ont plus de maîtres, ils les remplacent aussitôt par des tyrans et se précipitent à l'esclavage...

La Franc-Maçonnerie et la vieille Hérésie janséniste ont ceci de commun qu'elles ne se démasquent dans aucun cas et n'ont jamais consenti à triompher par l'ostentation de leur puissance. Au contraire, l'une et l'autre ont toujours aimé le secret et l'argot du mystère.

Le victorieux procédé du Jansénisme consistait à se nier lui-même, à protester sans cesse de sa parfaite soumission à l'autorité de l'Eglise et à toujours considérer comme s'adressant à d'autres les blâmes ou les condamnations dont l'accablait directement cette Autorité bafouée.

Les francs-maçons, à leur tour, protestent

invariablement de leur inaltérable simplicité. Ils ne sont rien de plus qu'une inoffensive pincée d'honnêtes gens associés dans un but de philanthropie, aimant à rire et sans aucune intention d'agir le moins du monde sur quoi que ce soit.

C'est le sophisme constant de ces Tartufes de sérénité. Les plus atroces démentis historiques ont beau les souffleter, ils ne perdent pas contenance et ne se mettent jamais en frais de nouveaux mensonges.

Ils supposent toujours une humanité bonasse et modeste, satisfaite de progresser avec lenteur et dédaigneuse des souterraines intrigues dont on l'accuse. Les révolutions, suivant eux, sont les fruits naturels du terroir social ensemencé par le vent des philosophies et mûris au soleil de la raison...

La plus stricte équité veut néanmoins qu'on distingue deux sortes de francs-maçons. De leur propre aveu, sur les huit millions d'adeptes répandus dans l'univers, « il n'y a guère que cinq cent mille membres actifs ». Les autres mangent, boivent, chantent et... paient.

C'est l'immense armée des imbéciles, c'est le vivier, toujours plein, de la Jocrisserie orgueilleuse, rebelle seulement à l'autorité de l'Eglise, où les occultes cuisiniers de la haute Initiation puisent à leur fantaisie pour les combinaisons démoniaques de leur politique.

C'est donc avec une sécurité parfaite qu'on peut offrir ce joli troupeau comme le plus idéal chef-d'œuvre de l'abêtissement humain par l'effet d'une simple transposition de la loi d'Obéissance.

Je demande pardon pour cette digression, mais il me semblait indispensable de préciser, d'une façon absolue, le caractère soigneusement déguisé de l'opposition à la Cause de Christophe Colomb.

L'occultisme franc-maçonnique sait admirablement ce qu'il fait. Les êtres sans visage qui dirigent, du fond de leurs ténèbres, cette redoutable puissance, savent aussi bien que tous les papes et beaucoup mieux que la plupart des fidèles l'importance énorme de ce projet de Béatification.

Un pressentiment très sûr, envoyé vers eux des Lieux d'En-Bas, les avertit infailliblement de ceci, que l'exaltation catholique du Christophore doit conférer à l'Eglise une adolescence nouvelle; une réitération de Promesse et d'Investiture, une soudaine et miraculeuse dilatation de ses Bras, correspondante aux aperceptions prophétiques de l'Amplificateur de la Terre, — et que, par conséquent, cette Cause unique ne ressemble pas aux autres.

Le nimbe de Colomb ne serait plus un nimbe. Ce serait un halo terrestre, à la bénigne clarté duquel serait célébrée sans doute enfin, sous l'orgue des ouragans, la grand'messe de l'Apocalypse !

C'est pour cela qu'ils ont tant fait contre le Vicaire de Jésus-Christ, ces adversaires pénétrants et impénétrables. C'est pour cela qu'ils ont été chercher jusqu'au fond de ses pâturages et de ses torils, cet infortuné duc de Veragua, dont ils connaissaient la pauvre cervelle d'éleveur de bœufs et la triste âme bien plus indigente encore de patricien décrépit.

C'est pour cela qu'ils l'ont environné de leurs flagorneries et de leurs blandices, qu'ils l'ont enivré du meilleur nectar de leurs insidieuses promesses et qu'ils ont voulu faire le dernier des hommes du dernier descendant de Christophe Colomb, — en laissant espérer à l'éponge desséchée qui lui sert de cœur, la gloire liquide que décernent aux gens puissants les domesticables Académies.

# IV

# HACELDAMA

# IV

# HACELDAMA

> Et acceperunt triginta argenteos pretium appretiati, quem appretiaverunt a filiis Israël.
>
> *Evangile selon saint Mathieu.*

A l'occasion du quatrième centenaire de la Découverte du Nouveau Monde, une annonce qui achève, en ce moment, le tour du globe, propose à tout lettré de race latine un prix de 30,000 francs pour la biographie de Christophe Colomb que l'Académie royale d'histoire de Madrid jugera la meilleure. A Paris, la Société des gens de lettres a été officiellement informée de cette munificence.

Ce prix, que la gueuserie des lettres ne

manquera pas d'estimer royal, n'est pas voté par un gouvernement. C'est un noble Espagnol qui en fait seul les frais.

C'est l'héritier du Nom et des Titres du grand Découvreur, c'est le duc de Veragua qui est en train d'épuiser ainsi l'admiration des littératures dépenaillées sur l'entière périphérie des soixante degrés brûlants du méridien de la terre.

A première vue, l'importance de la somme en regard de l'exiguïté moléculaire généralement attribuée à un tel sujet par le mécréantisme ou l'inattention, l'ampleur supposée d'une dévotion filiale assez surhumaine pour inspirer à un grand seigneur une telle rémunération du travail de la pensée, enfin la très haute situation de ce Mécène clarissime des toreros et des historiens, — toutes ces choses réunies feront l'effet d'un coup de soleil sur les cerveaux innocents de l'inflammable jeunesse.

Qui donc irait suspecter la candeur ducale de cet enfant pieux qui fait rouler du Pic du Midi de la sourcilleuse Grandesse, une avalanche de 30,000 pesetas sur la littérature éblouie, pour qu'on lui raconte l'histoire d'un navigateur qui fut son ancêtre et dont il a quelquefois entendu parler ?

Car il l'ignore manifestement. C'est en vain qu'un des livres les plus considérables du siècle, l'*Histoire de la vie et des voyages de Christophe Colomb* par le comte Roselly de Lorgues, publié pour la première fois en 1856 et répandu, depuis trente-quatre ans, par tout l'univers chrétien, fut traduit en espagnol dès son apparition, imprimé, successivement à Cadix, à Madrid, à Barcelone, grandement loué par les plus accrédités journaux d'Espagne, réédité sous divers formats, honoré en Catalogne d'une splendide édition in-quarto et de rechef popularisé à Barcelone par les somptueuses illustrations de la librairie française Victor Palmé.

C'est en vain que ce beau livre écrit sur les instances formelles de Pie IX, premier pape qui ait mis les pieds sur le Nouveau Continent et glorifié unanimement par l'Episcopat d'Espagne, fut placé avec honneur dans toutes les bibliothèques perceptibles de la Péninsule, donné en prix à la jeunesse et propagé au delà des mers dans tout pays de langue castillane, pour y faire éclater les cœurs dans le sentiment de cette justice et de cette enivrante pitié que la plus grandiose des infortunes avait attendues trois cents ans.

C'est plus vainement encore, semble-t-il, qu'un riche exemplaire d'une édition dédiée à Sa Majesté la Reine Isabelle II et portant au frontispice une poésie en l'honneur du comte Roselly de Lorgues, fut offert en hommage personnel au légitime descendant de Christophe Colomb.

Le duc de Veragua doit avoir autre chose à faire que de pâlir sur le futile récit des travaux miraculeux d'un très vieil ancêtre qui ne peut pas raisonnablement prétendre à l'admiration d'un *aficionado de las corridas de toros en las playas estercoladas de la Espana toda.*

On ne peut pas, en même temps, n'est-ce pas? savourer la réputation d'être un vigilant pasteur de taureaux et avoir faim de la gloire héréditaire qu'aurait le droit de revendiquer le descendant attentif d'un pasteur des âmes.

La droiture d'esprit de cet excellent seigneur le préserve très heureusement des indiscrétions de son cœur. Il est, avant tout, de son siècle et même de la fin de son siècle, comme nous disons à Paris, et il n'a pas besoin de s'embarquer à Palos pour aller à son idéal.

L'anachronisme n'est pas sa pente et le mufle des animaux qu'il protège ne comprendrait assurément rien à la chevalerie des enthousiasmes défunts dont il s'est gardé.

Mais alors, pourquoi cette récompense honnête de 30,000 francs à celui qui rapportera l'histoire supposée perdue de Christophe Colomb ? Oh ! mon Dieu, rien ne saurait être plus simple. C'est un effet admirable de l'obéissance maçonnique.

Je l'ai dit et je le répète volontiers, j'ignore absolument si ce pâtre illustre est un francmaçon. Mais on le sait environné de francsmaçons, attablés à lui comme à un festin, et on ne remarque pas du tout que l'assiduité de ces dévorants l'importune.

Au contraire, il paraît être leur serviteur bénévole autant que leur proie et l'on dirait vraiment que l'enviable faveur de gaver de tels charançons est devenue toute la fierté de ce Castillan.

Il s'agissait, pour le coup, de ruiner, autant que possible, dans l'opinion, la grande histoire du comte Roselly de Lorgues dont le catholicisme affligeant devenait, aux approches du Centenaire, une menace de déconfiture pour les banqueroutiers évangéliques du libre examen.

Tout le monde convenait de bonne foi qu'il était désormais indispensable de régler son compte et de dire crûment son fait à cette vieille Mère Eglise qui prétendait infliger l'opprobre de sa liturgie à un Ouvrier du Progrès que la reconnaissance de plusieurs nations tenait en réserve, depuis si longtemps, pour de rationnelles apothéoses.

Or, l'Eglise et le comte de Lorgues ne faisaient qu'un en cette occasion. Ce dernier, serviteur acharné du Catholicisme, ne bronchait pas, n'accordait pas l'ombre d'une concession à la racaille des *Orients*, ne lâchait absolument rien, ni le moindre des ossements, ni même un seul cheveu de la tête de son Héros, et ne répondait aux invitations plus ou moins courtoises qu'on lui faisait de se rétracter qu'en placardant de leur propre cafardise le visage des affronteurs.

L'assassinat pur et simple de cet octogénaire comblé d'honneur n'aurait pas répugné, sans doute, à ces entremetteurs de fraternité.

Mai une telle solution n'eût pas été bien pratique, puisque l'illustre écrivain a maintenant achevé son œuvre, et elle aurait eu l'inconvénient assez grave de ne pas jeter un éclat incomparable sur cette congrégation de la Propagande révolutionnaire.

C'est alors qu'ayant mis la main sur le magnanime duc des picadores et des toreros, la franc-maçonnerie décida qu'une contre-histoire de Christophe Colomb serait écrite par un de ses louvetons fidèles et payée aussi fastueusement qu'il se pourrait par le titulaire actuel de la survivance du Révélateur.

On pouvait d'autant mieux compter sur la générosité du personnage qu'on le savait ulcéré par une phrase méprisante du comte Roselly de Lorgues et qu'on avait eu soin de baver d'excellents virus dans cette blessure.

On choisit donc, à cet effet, un bibliophile américain, nommé Henry Harisse, devenu presque fameux, du moins en Italie et en Espagne.

C'est un méthodiste mâtiné de sémite, à ce qu'on m'a dit, avocat pour comble de grâce, et par conséquent désigné, autant qu'on peut l'être, aux amplexions amoureuses des très vieilles sectes publiques; c'est un admirateur passionné d'Ernest Renan, Dieu des esprits lâches et pontife entripaillé de toutes les églises de l'hypocrisie ; c'est l'auteur enfin de l'ignorée *Bibliotheca Americana vetustissima* et d'un nombre considérable de dissertations assommantes et platement venimeuses, où l'inanité de l'écrivain fait une guerre de Peau-Rouge à la suffisance critique de l'archéologue.

Voilà l'homme élu pour devenir l'historien du Messager de l'Évangile !

Tel est le lauréat infaillible du concours de l'Académie royale d'histoire de Madrid !

Ce galope-chopine du document frelaté est un maniaque des plus singuliers, dont la folie consiste à gratter jusqu'au sang toutes les bibliothèques de l'univers, dans l'espérance d'y découvrir des preuves de la *non-sainteté* de Colomb, et le suprême desideratum de son besogneux esprit paraît être la démolition du livre de don Fernando Colomb, second fils du Découvreur, livre que le protestant Washington Irving appelait fort justement « la clef de voûte de l'histoire du Nouveau Monde »

Missionnaire d'imposture et de balourdise, il déploie une activité inouïe. « Infatigable pionnier de la Négation, dit le comte Roselly de Lorgues, il creuse à l'aide d'arguties tout autour des textes, pour les faire tomber sous sa critique, les travailler et les interpréter d'après les besoins de sa thèse. A son insu, le diligent bibliographe reste toujours avocat, malgré sa profession nouvelle. Il a couru terre et mer en quête de documents inconnus sur Christophe Colomb. Il a su établir des relations bibliographiques avec les principales sociétés de géographie, surtout celle de Paris, dont le bulletin mensuel lui sert de tribune. Il semble considérer le Découvreur de son pays comme lui appartenant ; il en a fait sa chose, sa propriété rétrospective. Il se l'est adjugé, en a pris possession comme de son légitime bien, et nous le voyons exercer sur lui, pour son propre compte, toutes les revendications du protestantisme.

« On ne peut parler de Colomb qu'aussitôt il ne s'immisce dans le débat, et sous prétexte d'éclaircissements, n'y apporte le doute, n'y épaississe l'obscurité. Telle est son ardeur à l'accaparement du Héros, que nous devons lui paraître étrangement audacieux pour l'avoir osé réclamer au nom du Catholicisme, le poser en pleine lumière et le restituer à l'Eglise. Voici plus de vingt ans que le bibliographe américain vise à monopoliser cette grande Figure. Bien qu'il projette de la sculpter un jour à sa façon, il procède, en attendant, par démolitions partielles et dissertations dissolvantes. On croirait qu'il espère fonder l'école de la Négation historique[1]. »

On sait assez généralement ce que c'est qu'un bibliographe, catégorie très à part dans la république des lettres. Ce bimane est exclusivement un juge suprême en toute question d'histoire ou d'archéologie. Il siège, en cette qualité, au-dessus des penseurs, des artistes et de tous les individus responsables, de quelque nom qu'on les veuille désigner, qui cherchent avec passion la Vérité ou la Beauté.

Le bibliographe n'a cure de ces investigations surannées. Il est le moniteur de l'iota et du punctum, du *culex* et du *pulex*, c'est lui qui est chargé d'orthographier le génie et de pouiller la lumière.

[1] *Histoire Posthume de Christophe Colomb*, p. 267. Paris, Didier, 1885.

En conséquence, il n'a que faire de l'imagination et de l'enthousiasme; le talent lui paraît une extravagance et l'intuition une bouffonnerie. Il a ce qui est au-dessus de tout, ce qui doit dispenser de tout, c'est-à-dire de gros yeux bovins à fleur de mémoire. Il s'estime infiniment haut et s'avance, les pieds en bas, comme les bœufs d'Ajax, en promenant avec dignité la mâchoire de Samson, tueur de Philistins, sous les firmaments.

Le bibliographe sérieux équivaut à un catalogue. Il a pour spécialité, pour fin dernière, de savoir que tel livre paru en telle année, dans tel format, chez tel éditeur, sortait de telle imprimerie et fut contrefait dans tel pays ou traduit dans tel autre. Il suit la destinée du bouquin et peut dire avec assurance le nombre des éditions revues, corrigées et augmentées, sans oublier leur millésime.

Pareillement, il est de force à énumérer les divers écrits publiés sur le même sujet, en différents Etats.

Sa modestie de pintade ne le met pas à l'abri d'une ambition à tout défoncer. Dans l'espoir de quelque vacarme, il condescend à se plonger dans le pétrin littéraire et triture à sa façon des notes, des notices, des notules, des monographies, des brochures, des plaquettes, sous la rubrique variée de : *Remarques, Observations, Résumés, Essai critique* ou *Petite Revue*.

Le nombre est devenu presque infini de ces impuissants véreux, ordinairement hostiles au Catholicisme et qui se vengent de l'impossibilité d'apercevoir l'ensemble de quoi que ce soit, en faisant la guerre des petits papiers à tout grand concept historique.

Naturellement, l'histoire catholique de Christophe Colomb ne devait pas échapper à des chacals aussi attentifs.

Il en arriva de partout : de la plaine et de la montagne, des cheminées et des soupiraux, des mansardes et du fond des puits, de l'égout et du lupanar.

On en vit sortir des tombeaux mal gardés où ils trompaient leur famine en rongeant les os des morts.

Ils apparurent de toutes les tailles et de toutes les couleurs. Il y en eut de pelés et de vermineux, de chassieux et de lamentables.

Il y en eut de rossés qui étaient très superbes. Il y en eut même qui étaient verdoyants et d'humeur joviale.

C'était l'immense invasion des hurleurs immondes.

En cette occasion, l'Italie se montra d'une exceptionnelle fécondité, je crois l'avoir dit. C'est maintenant le tour de l'Espagne qui s'annonce comme devant donner beaucoup de satisfaction à l'oracle élu des bibliographes terrestres, c'est-à-dire au Trissotin mentionné plus haut, personnage omnipotent dans l'un et l'autre pays et respectueusement consulté par tous les cancres malfaisants des deux péninsules.

L'Académie d'histoire de Madrid appelée à faire semblant de juger l'imminent factum, est composée en majorité de bibliographes athées qui désespèrent de le vénérer comme il faut, et, en Italie, la Commission royale chargée de recueillir les documents relatifs à la Découverte, a cru ne pouvoir mieux faire que d'agglomérer humblement tous ses cerveaux sous la coupole de ce front sublime.

De son côté, le duc de Veragua s'évertue à procurer le bonheur de ce Juif-Errant des bibliothèques. Depuis plus de vingt ans, il lui a mis entre les mains tous les documents de ses archives, sans s'inquiéter autrement de la trahison avérée du pique-assiette qui en abusait ostensiblement pour ébranler la pierre angulaire de la Maison de son bienfaiteur, en dénaturant à plaisir la célèbre histoire de Don Fernando Colomb dont il voudrait anéantir l'authenticité.

Mai, il paraît que cela ne déplaît pas à l'amphitryon qui s'amuse probablement à ce jeu de se faire insulter par des parasites.

Celui-là, d'ailleurs, n'a-t-il pas aidé à le faire nommer président des *Américanistes*, société inouïe qui a pour but de propager la croyance à une civilisation américaine fort antérieure à la Découverte? On ne sait comment le duc pourra s'y prendre pour payer l'honneur de cette promotion...

En attendant, il paiera les 30,000 francs qu'on lui a persuadé d'offrir à toute la terre et il les paiera précisément à ce cacographe mal intentionné, capable au plus de bourrer de documents faux ou suspects quelque secrétaire affamé qu'il rétribuera chiennement et qui sera trop heureux, pour apaiser la clameur de ses intestins, de lui bâcler une solennelle turlupinade que les académiciens royaux se réjouiront de couronner.

Un jour, l'un de nos plus grands poètes, le comte de Villiers de l'Isle-Adam, mort l'an passé, dans les affres de la misère, vit entrer chez lui un homme bien vêtu et d'une politesse exquise, mais qui portait dans ses traits l'irrécusable estampille du divin Mépris sur le front du Peuple maudit.

Après l'obscure notification préalable d'un enthousiasme littéraire dont on ne paraissait pas incendié, le visiteur exhala d'abord quelques gémissements harmonieux sur le sort cruel des malheureux enfants de Jacob, injustement opprimés par un littérateur chrétien sans clémence.

L'esprit généreux et le cœur suave de l'auteur d'*Axel* ne s'embrasaient-ils pas d'indignation à l'aspect de ces lamentables victimes d'un fanatisme poussiéreux et cassé par l'âge ?

L'homme de génie qu'on avait l'honneur de contempler dans l'aimable intimité d'une cordiale et bonne causerie, ne pensait-il pas que les catholiques vraiment épris de justice et de charité devraient protester avec énergie contre les excès d'un énergumène qui compromettait leur Eglise par le délire d'un acharnement si contraire à la loi d'amour ?...

En cet endroit, le formidable railleur des *Contes cruels* eut un de ces gestes surprenants dont tous ses amis se souviennent, un de ces gestes muets qui faisaient pleuvoir les écailles, et l'interlocuteur comprit aussitôt qu'il fallait, à l'instant, s'élancer dans le premier train, sans s'attarder à cueillir des anémones ou des boutons d'or.

Modifiant alors son ramage et précipitant un peu son débit, le youtre expliqua que, connaissant l'influence du poète sur un grand nombre d'excellents esprits et la ferveur admirative des jeunes pour tout ce qui lui tombait de la plume, ON avait songé à lui pour redresser l'opinion, que plusieurs personnages puissants lui en sauraient un gré infini et qu'enfin, il ressentait personnellement une joie incroyable à pouvoir l'assurer, dès le moment même, de la reconnaissance anticipée de certains d'entre eux...

— Pardon, Monsieur, dit tout à coup, avec une douceur bizarre, le plus terrible Villiers qu'on eût rencontré pendant vingt ans, pardon, les affaires sont les affaires. Combien m'offre-t-on d'argent pour ce beau travail ?

— Fixez vous-même le prix, répondit l'autre dans l'élan d'une magnanime joie.

L'indigent héritier du Grand Maître des Hospitaliers de Rhodes et des héroïques Chevaliers de Malte, se leva d'une manière qui aurait fait se lever les Sphinx de granit rose, et rejetant ses cheveux en arrière :

— *Trente deniers !* dit-il d'une voix qui paraissait avoir quatre siècles, en congédiant l'intrus de la propulsante fixité de son seul regard.

C'est l'aveuglement du duc de Veragua et l'impudence de son affidé qui m'ont rappelé cette histoire.

Les 30,000 francs, en effet, font penser inévitablement aux trente deniers de Judas. On le remarquait, il y a quelques jours, dans une revue catholique. Mais le cas est, ici, fort étrange. Ces 30,000 francs, c'est en même temps Judas qui les donne et Judas qui les reçoit et ce prix du sang est, en outre, décerné par une académie de Judas.

C'est un tournoi de trahisons, c'est une mêlée générale de déloyautés, de platitudes et d'ignominies... Ah ! l'Espagne prélude à son Centenaire par des spectacles joliment faits pour exciter l'enthousiasme !

Et maintenant, remarque-t-on la moralité d'un concours dont le lauréat est désigné deux ans à l'avance, qui ne fut même institué que pour ennoblir le sale argent qu'un entrepreneur de mensonges a soutiré d'un malheureux duc invalidé par la fréquentation des picadores, et dont il a capté le cœur déplorable en lui donnant la triste joie d'être le complice de ses turpitudes ?

Je sais bien que les académies, en général, sont assez peu scrupuleuses en fait de concours et que c'est une fameuse jobardise de leur apporter son esprit, dans l'espoir d'en être élu préférablement aux maltôtiers de l'intrigue ou de l'intimidation.

En cette circonstance, néanmoins, c'est un peu trop fort. Qu'un certain nombre de grimauds répartis sur les divers points du globe, fascinés par le serpent d'or qui montre sa tête au-dessus des Pyrénées, expédient à Madrid un nombre égal de manuscrits péniblement obtenus, que l'Académie n'aura même pas besoin d'ouvrir, puisqu'elle est déjà pourvue de son victorieux et, qu'ainsi, de très pauvres diables soient excités à se consumer en vain, passe encore.

Les uns auront copié le comte Roselly de Lorgues, si, par miracle, ils sont catholiques, d'autres auront transcrit avec candeur Washington Irving, s'ils sont protestants, les derniers enfin auront essayé de ravauder la guenille des bibliographes, s'ils ne sont que des imbéciles. Tous auront entrepris, par cupidité, de brasser, en deux ans, une œuvre à laquelle tout historien véritable sacrifierait le tiers de sa vie, si cette œuvre était à refaire. Je ne vois donc pas le moyen de s'intéresser beaucoup à leur immanquable déconfiture.

Mais il est une considération d'ordre plus élevé, je le suppose, et qui sera certainement appréciée de tout Espagnol qui tient encore à la dignité de son pays.

C'est qu'en cette affaire, l'honneur de l'Espagne s'en ira « par tous les pores », comme celui de l'Angleterre après Quiberon.

Au moment du Centenaire, le monde aura les yeux sur cette nation pour la grandeur de laquelle un Personnage surhumain travailla toute sa vie, « en suant le sang », ainsi qu'il le déclarait lui-même.

A cette époque si prochaine, l'Eglise aura peut-être parlé, les habiletés et les mensonges seront devenus inutiles et toute la terre sentira la nécessité d'une solennelle réparation des ingratitudes et des outrages, aux lieux mêmes où les endura le Révélateur du Globe. Les Espagnols paraissent aujourd'hui comprendre cela, tellement l'urgence de ce devoir est pressentie dans l'humanité !

Que sera-ce de ce peuple et de quel ridicule fangeux ne sera-t-il pas submergé, s'il tolère cette inexpiable et sacrilège mystification que divulgueront, à coup sûr, d'autres publicistes que moi ?

Quelle honte effroyable et quelles justes huées s'élèveront de partout, comme une clameur d'univers, s'il se découvre, à la fin, que tant de vacarme glorieux, tant de rumeurs de canons, tant de discours, tant de villes illuminées, tant d'enthousiasme sur mer et sur terre, n'auront été qu'un prétexte à l'académique translation d'une pile d'écus, — de la caisse d'un parricide bouvier dans la besace d'un marsupial accroupi dont c'est le salaire, pour avoir, pendant vingt ans, déposé l'ordure de son bas esprit sur la tombe historique de Christophe Colomb !

V

# L'HÉRITIER INUTILE

## V

## L'HÉRITIER INUTILE

..... Stat Fortuna improba noctu,
Arridens nudis infantibus. Hos fovet ulnis
Involvitque sinu ; domibus tunc porrigit altis,
Secretumque sibi MIMUM parat !...
    JUVÉNAL, satire VI.

Lépreux de la cervelle...
  D'AUBIGNÉ. *Les Tragiques*, liv. II.

TRENTE mille francs ! c'est une somme pourtant, et j'y reviens avec complaisance. Les milliardaires eux-mêmes conviendront qu'il est plus facile de la perdre que de la gagner.

Mais c'est une somme énorme, c'est un fleuve d'or, c'est une chevance de tous les diables, n'est-il pas vrai ? si elle doit servir de récompense à quelque élucubration littéraire.

Les détenteurs des biens de ce monde estiment généralement que les œuvres de l'esprit sont rémunérées très suffisamment par l'intime satisfaction d'en être l'auteur, fallût-il crever de faim sur le plus adorable chef-d'œuvre.

D'ailleurs, si on se mettait à gaver d'or les écrivains de génie, en les supposant innombrables, il est trop certain que le plus affreux désordre social naîtrait à l'instant. On les connaît, ces gens d'imagination, dénués de tout flair pratique, incapables de porter le sacré fardeau des richesses et qu'il faut miséricordieusement se garder d'induire en la tentation des abrutissantes orgies.

C'est effrayant de penser aux délices représentées par un capital de 30,000 francs.

Songez qu'un historien va-nu-pieds peut acquérir d'un seul coup deux mille paires de bottes, qu'une centaine environ de poètes guenilleux peuvent s'habiller avec faste, qu'un romancier lavé par les eaux du ciel peut s'abriter sous trois ou quatre mille chapeaux.

Considérez, s'il vous plaît, qu'avec cette somme, on peut nourrir un pauvre de Jésus-Christ pendant la moitié d'un siècle, ou entretenir soixante chiens pendant une année, si on est assez grand seigneur pour s'arrêter à ce dernier choix ; qu'on peut s'abonner à deux cents feuilles publiques, avaler cent mille verres d'absinthe ou fumer un demi-million de cigares de qualité inférieure, en les dévorant ; qu'on peut même, étonnant le monde, faire enterrer avec pompe, civilement ou non, jusqu'à six cents gueux ;

Qu'on peut acheter trente mille hommes, lever une armée de journalistes, embaucher des Académies, allumer le flambeau de la conviction chez un nombre indéterminé de bibliographes, contre-balancer la munificence d'un grand d'Espagne, restituer la salive aux panégyristes épuisés et régner ainsi sur l'admiration de beaucoup de peuples.

On peut faire épouser n'importe quoi à n'importe qui et tout acquérir en ce monde, excepté, cependant, la Grâce de Dieu qui confère les dons de l'esprit et l'indépendance de l'âme.

Il est vrai que cet inachetable guerdon est une pure largesse des Cieux ; nullement requise d'ordinaire par les virtuoses de la Bagatelle, qui s'embarrassent assez peu de ce qui leur manque pour être semblables aux lys des champs dont la croissance est sans labeur.

Un grand écrivain ne pousse que péniblement et, par conséquent, ne saurait figurer avec avantage dans les jardins léthargiques de l'opulence. On le suppose du moins, assez volontiers, et les oisifs de la terre, amplement pourvus de sagesse et de désintéressement lilial, comme chacun sait, estiment avec profondeur qu'il est imprudent de convier au repos ces Nègres de la Lumière dont le destin manifeste est de souffrir et de travailler sans cesse.

Il est donc raisonnable de ne les gratifier qu'avec une prudence et une modération infinies, et quand on a 30,000 francs à jeter dans un gouffre, d'aller chercher, de préférence, au fond de quelque ghetto, le nidoreux et louche pédant, bon à tout faire, qui pourra le mieux dégoûter les esprits fiers de ces Mécénats dilapidateurs.

Veut-on savoir ce que j'écrivais, il y a deux ans, dans un journal très fameux, à l'occasion d'une mort aristocratique dont la presse entière, éblouie par de richissimes obsèques, avait un peu trop cyniquement retenti?

Cette page tombée, avec l'événement qui la motiva, dans le plus profond oubli, je l'exhume d'autant plus volontiers qu'il est dans ma nature de penser beaucoup à la mort des uns et des autres et particulièrement à la mort à venir de certains puissants qui ont l'air de se supposer éternels.

Usant jusqu'au bout de mon droit rigoureux d'indépendant écrivain, je demande seulement qu'il me soit permis de *transposer* le cadavre, en imaginant, pour un quart d'heure, le récent trépas de cet « héritier inutile » dont la médiocrité doit exaspérer, je le crains bien, mes plus intrépides lecteurs.

« Le duc de Veragua, rival des princes, est étendu à jamais. Son corps attend la résurrection dans un caveau plus ou moins fastueux et son âme, — l'âme tragique du potentat qui pouvait, à sa volonté, manger, chaque jour, le pain, la chair et le sang de mille pauvres, — où donc est-elle ?

« Si le Christianisme n'est pas l'erreur tenace de la tête humaine, en même temps que le déshonneur immortel des balais philosophiques impuissants à le congédier, il faut avouer, pourtant, qu'il est formidable de penser qu'au moment précis où la douleur des journaux éclate à propos du décès d'un Grand, quelque chose vient de commencer qui n'aura jamais de fin pour ce disparu.

« Pendant que les chroniqueurs sonnent à leur manière l'hallali du pauvre corps revendiqué par toutes les horreurs sépulcrales, pendant que les chapelles ardentes s'allument dans les cryptes des palais et dans les souterraines imaginations des hoirs, pendant qu'on dénombre les écus et qu'on secoue dans l'oreille des indigents les glorieux coffres bondés de millions, oh! surtout à ce moment-là, sans doute, l'âme, — désemparée du sensible et tout à fait nue devant Quelqu'un dont le Nom est irrévélable, assiégée de toutes les flagrances des Cieux, immergée dans le resplendissement de la Justice absolue, — se juge elle-même avec une rigueur dont l'esprit humain n'a pas la mesure et répercute en sa profondeur terrible les litigieuses interrogations de la Lumière :

« — Qu'as-tu fait de Mes petits que J'avais suspendus à ton sein ? De quelle manière as-tu réparti la substance des lépreux, des abandonnés, des désespérés, des pécheurs que J'aime et que Je t'avais confiés en t'investissant d'une boue meilleure ?

« Quelle goutte de ton sang, quelle larme efficace as-tu répandue pour ce Poète désolé dont vingt mille de Mes Séraphins ont contemplé l'agonie et qui n'attendait qu'un geste de toi pour *subsister* en Me glorifiant ?

« Dans la splendeur de tes fêtes, as-tu pensé quelquefois aux lampes humaines qui se consument en silence devant Ma Face douloureuse ?

« Quand tu t'es baigné dans tes parfums, as-tu songé qu'ils pouvaient être sublimes les pieds sanglants des vagabonds et des pourchassés ?...

« O fils de Mon Serviteur si humble et si dénué, que J'avais choisi pour dilater Ma Maison, qu'as-tu fait surtout de sa gloire ? Elle te fut confiée comme un fardeau très précieux que tu devais porter en tremblant d'amour, ainsi qu'autrefois il M'avait porté lui-même aux tristes nations, à l'encontre des amertumes et des aboiements de la mer.

« L'enseignement de Mon Eglise a-t-il pu te faire comprendre que tu n'avais été engendré que pour Me servir de cette façon et que tes richesses enviées n'étaient rien qu'un signe pour que les indigents reconnussent en toi l'enfant de Mon Messager ?

« Enfin, as-tu pris un jour, un seul jour de ton inféconde vie, tes propres entrailles dans ta main, pour les interroger avec anxiété sur tous ces points d'où dépendent tes destinées éternelles, — pauvre âme solitaire pour qui Je saigne sur Ma vieille Croix depuis deux mille ans ?... »

Quelqu'un a-t-il remarqué l'imbécillité prodigieuse de l'argent, l'infaillible bêtise, l'éternelle oblitération de presque tous ceux qui en sont comblés ?

On a infiniment écrit sur ce métal. Les politiques, les économistes, les moralistes, les psychologues et les mystagogues s'y sont épuisés. Mais je ne remarque pas qu'aucun d'eux ait jamais exprimé la sensation de mystère que dégage ce mot étonnant.

L'exégèse biblique a relevé cette particularité notable que, dans les Saints Livres, le mot *argent* est synonyme et figuratif de la vivante Parole de Dieu.

D'où découle cette conséquence, que les Juifs, dépositaires anciens de cette Parole qu'ils ont fini par crucifier quand elle est devenue la Chair de l'Homme, en ont retenu, postérieurement à leur déchéance, le *simulacre*, pour accomplir leur destin et ne pas rester sans vocation sur la terre.

C'est donc en vertu d'un décret divin qu'ils posséderaient, n'importe comment, la plus large part des biens de ce monde. Grande joie pour eux ! Mais qu'en font-ils, et qu'en font aussi les chrétiens qu'ils n'ont pas ruinés ?

J'entends bien que cet argent coule et circule et qu'il est devenu le sang de nos veines incrédules, précisément comme la Parole du Seigneur dans les temps de foi.

Comment alors se fait-il que cette matière substituée soit si inféconde, si maudite, si dépossédée de l'Esprit, que presque jamais on ne puisse contempler un riche ouvrant ses deux mains dans la lumière et dissipant sa richesse aux œuvres de haute justice et de véritable amour ?

Il est, à la fois, profondément mystérieux et décourageant de toujours voir ce puissant levier dans des mains indignes ou dans des mains imbéciles. Un mercanti sordide et brutal, un dissipateur crétin, une dévote obtuse, quelquefois un brave homme hanté du démon de la famille, tels sont les élus, les sempiternels élus de l'argent. Quand ces êtres font les Mécènes, ne craignez pas qu'ils s'égarent, une seule fois, sur un cerveau supérieur qui pourrait élever l'étiage de l'esprit humain et devenir ainsi le redoutable parangon du pouvoir dont ils disposent. Avec l'instinct pervers de leur insondable sottise, ils iront droit aux médiocres, comme les libellules aux flambeaux.

Quant à la Charité, ce mot chrétien et ce sentiment chrétien, — l'un des noms de Dieu, — il y a beau temps qu'on ne le distingue plus du mot *aumône* qui ne signifie rien du tout, sinon l'acte matériel inspiré par la charité qui veut dire Amour, et il est écrit que les œuvres, même d'un duc ou d'un empereur, n'existent pas sans ce condiment.

Ce nom de la Troisième Personne divine appelle le nom du Pauvre, comme l'abîme invoque l'abîme.

C'est vrai qu'on ne peut pas faire un pas dans la vie sans trouver un pauvre, parce qu'on ne peut pas faire un pas sans rencontrer Dieu qui est le vrai Pauvre en ce monde où n'existe pas son royaume, et l'oubli, l'*omission* du pauvre est, par conséquent, le plus énorme attentat dont notre vermine soit capable.

« La gloire de la charité, disait Hello, c'est de DEVINER. » Je n'ai trouvé dans aucun livre purement humain aucune parole qui s'enfonçât dans une comparable profondeur...

Où donc serait le vrai pauvre pour le duc de Veragua, le Pauvre essentiel qu'il aurait le devoir de *deviner* et de secourir, si ce n'était pas précisément Christophe Colomb, son immense Ancêtre?

Le Révélateur du Globe est, en vérité, l'indigent Lazare qui gît à sa porte, plein des ulcères que lui ont faits l'ingratitude et la calomnie, et si lamentable, que les chiens eux-mêmes en auraient pitié.

Dans la maison du joyeux seigneur, on fait ripaille des grands souvenirs et des traditions les plus saintes, on se rassasie, en de sacrilèges festins, de ce qui appartient à Dieu et le mendiant formidable continue d'espérer en vain qu'on lui donnera quelques miettes, qu'on s'occupera de lui quelque jour...

On connaît le dénouement de la parabole. Mais saint Luc n'a parlé que de l'omission du pauvre et le récit évangélique est assez terrible comme cela. Il n'a pas dit qu'on se moquait de son abandon, qu'on bafouait son désir, qu'on aggravait ses blessures et il n'a pas dit non plus que ce mendiant était le père de ce mauvais riche.

Le duc de Veragua dont la seule excuse est de ne savoir ce qu'il fait, a pris à cœur d'assumer les plus effrayantes applications de ce texte.

Ce malheureux gentilhomme, diffamateur de son propre blason, qu'on peut offrir comme le prototype et le surtype des calamiteux rejetons de la noblesse, — remarquez bien qu'il serait au-dessous des croquants les plus ordinaires, si on n'avait pas il y a quatre siècles, travaillé pour lui ; puisque la transmission d'un sang plus précieux que celui de toute la grandeur réunie des vieilles Espagnes n'a pu lui donner une âme supérieure à celle d'un portier de loge maçonnique ou d'un vacher de Catalogne.

Les richesses qu'il tient de sa Race et qui sont, à coup sûr, ce qu'on vit jamais de plus monstrueusement disproportionné, ces richesses damnées doivent crier de l'humiliation d'être à lui et emprunter le beuglement de ses taureaux pour déplorer leur détournement imbécile et leur criminel mésemploi.

Il donne trente mille francs à un goujat pour salir ses portraits d'ancêtres, pour démontrer, par exemple, qu'il est le descendant d'une canaille et d'un fabricateur de bâtards, alors que le millionnaire filial qu'il ne veut pas être, se ruinerait avec enthousiasme, en vue de réparer le séculaire déni de justice enduré par le plus angélique des grands hommes!

Si le duc de Veragua n'était pas un renégat et un parricide, les reliques du Chef de sa Maison pourraient être aujourd'hui sur les autels de la sainte Église que nul prince ne peut acheter, mais qui subit, avec la patience de l'éternité, les délais cupides et les ajournements mercenaires de ses Judas. Tous les obstacles humains seraient tombés à l'instant sous la rafale des piastres et des ducats, et le marquis de la Jamaïque aurait l'honneur de la parenté d'un Saint, en place de l'ignominie absolue d'être la pâture des Loges ou des araignées de bibliothèques!

Être le parent, le fils d'un Saint! On le lui a dit, pourtant, à ce désarmant pastour qui n'y comprend rien, qui trouve meilleures l'apostasie et la servitude.

Il y a des chrétiens, en assez grand nombre encore, qui ne penseraient pas qu'un si prodigieux honneur pût être payé assez cher, qui se dépouilleraient entièrement pour en obtenir seulement l'espoir, qui se mettraient pieds nus, tête nue, qui s'en iraient en haillons par les plus âpres chemins de cette vallée et qui se flagelleraient avec des scorpions, en pleurant d'amour !

Leur joie serait si abondante, si dilatée, si impétueuse, que l'univers ne leur semblerait ni assez large, ni assez profond pour qu'elle pût s'ébattre !

Ils la raconteraient aux montagnes et aux animaux, ils la diraient aux insectes et au tonnerre, et supplieraient l'océan de les engloutir pour la chuchoter dans tous les abîmes !

Je vous dis que ce serait une folie d'allégresse capable de déconcerter Léviathan et de retarder les Quatre Chevaux de l'Apocalypse !

Allez donc faire entrer ça dans le crâne épais d'un nourrisseur de bestiaux qui ne s'est pas même aperçu qu'un jour, l'un des plus grands historiens du siècle a écrit, pour toute la durée des littératures, le poème incomparable des Travaux de Christophe Colomb ; — qui s'est caché, comme un Caïn, lorsque cette œuvre extraordinaire détermina dans l'Eglise le courant d'enthousiasme devant aboutir à la Béatification du Héros ; — et qui, après vingt ans d'un inqualifiable silence, élève pleutrement la voix pour offrir de l'or aux truands de plume disposés à le dépêtrer de ce pic de gloire sous lequel il reste aplati !

C'est qu'aussi, l'histoire de Christophe Colomb par le comte Roselly de Lorgues est un livre terriblement haut pour les avortons du scepticisme ! Ce qui fait ce livre si grand et ce qui fera la durable célébrité de son auteur, quand l'arrivée du prochain siècle aura dissipé la fumée de nos batailles littéraires, — c'est la primordiale et transcendante conception du Surnaturel.

Le comte Roselly de Lorgues mérite l'admiration pour avoir vu *seul* et pour avoir osé notifier au monde le rôle providentiel de l'Homme inouï dont il s'est fait l'historien.

« Celui qui ne croit pas au Surnaturel,

dit-il, ne peut comprendre Colomb, » et il montre cela dans la blanche lumière des faits, avec une puissance de simplicité consubstantielle aux incantations de la Poésie.

J'ai pensé souvent à cette œuvre, étrange à force de candeur, dont la première lecture, ancienne déjà, fut un des événements les plus considérables de ma vie intellectuelle.

Furieusement assiégé de préoccupations littéraires, je me suis demandé, parfois, d'où venait cette autorité, cette prise de possession de mon âme par un livre traditionnel en sa forme, si éloigné, par conséquent, de notre génération orgueilleuse et que doivent tant dédaigner les anachorètes et les flagellants *à rebours* du décadentisme.

Je finis par comprendre que cela venait, à l'imitation des Saintes Écritures, de l'infusion d'un électuaire miraculeux que ne connaissent pas les littératures artificielles de la Désobéissance.

Je ne sais comment exprimer ces choses.

La *phrase* est à la fois si grande et si humble qu'elle ressemble à un calice de consécration qu'élèveraient vers Dieu les mains tremblantes et pures d'un vieux prêtre en mission chez des idolâtres.

On croirait qu'il passe une haleine infiniment douce de cet Esprit qui souffle où il veut et dont la force cachée doit un jour éveiller les morts. On sait à peine ce qui s'accomplit, mais on éprouve quelque chose comme la nostalgie de sa propre essence et on est ému jusqu'aux pleurs.

J'ai écrit autrefois que cette Histoire apparaît ainsi qu' « une révélation surérogatoire ajoutée à l'autre Révélation », et cela signifie simplement que l'homme qui nous l'a donnée l'a reçue lui-même, comme une inspiration supérieure dont la mesure nous est inconnue et que seule peut apprécier l'Eglise infaillible qui lui suggéra ce chef-d'œuvre.

Les chrétiens qui savent ce que c'est que l'homme ont le droit d'exiger beaucoup de leurs historiens.

Ils doivent se souvenir que ce monde n'est qu'une figure qui passe et qu'il n'y a de vraiment intéressant que ce qui demeure au fond du creuset du temps, c'est-à-dire l'Ame humaine et l'immobile canevas du plan divin.

Raconter qu'Annibal enjambait les Alpes n'est qu'une affaire de palette, mais ce vainqueur avait une *âme* et le Dieu des vainqueurs avait ses desseins, et voilà précisément les deux choses qu'il importe surtout de connaître !

Les plus grands livres écrits par des hommes sont des livres d'histoire. On les nomme les Saints Livres et ils furent écrits par des thaumaturges.

A soixante atmosphères au-dessous d'eux, les historiens dont l'inspiration est ou *paraît être* seulement humaine, doivent, eux aussi, se manifester comme des thaumaturges en une manière. Il faut absolument qu'ils ressuscitent les morts et qu'ils les fassent marcher devant eux et devant nous. Ils doivent rallumer les lampes éteintes dans les catacombes du Passé où ils nous font descendre.

Pour accomplir un tel prodige, l'intuition de l'esprit n'est pas assez, il faut surtout l'intuition du cœur.

Il faut aimer ce que l'on raconte et l'aimer éperdûment. Il faut vibrer et retentir à toutes ces rumeurs lointaines des trépassés.

Il faut les généreuses colères, les compassions déchirantes, les pluies de larmes, les allégresses et les vociférations de l'amour.

Il faut se coucher comme le Prophète sur

l'enfant mort, poitrine contre poitrine, bouche contre bouche, et lui insuffler sa propre vie.

Alors, seulement, l'érudition corpusculaire adorée des bibliographes, a la permission d'apparaître. Jusque-là, les documents et les pièces écrites ne sont que les bandelettes égyptiennes qui enfoncent un peu plus les décédés dans la mort.

Si cela est vrai pour de pauvres grands hommes comme César ou Napoléon, par exemple, que sera-ce pour un Saint?

Les âmes sont tout dans l'histoire et les Ames des Saints sont les aînées parmi les âmes. Tout porte donc sur elles, et les temps où les saints ont vécu n'ont aucune signification historique, sinon *la nécessité providentielle de leur vocation.*

L'orgueil saura cela plus tard, quand les autres mystères de la Rédemption et de la Solidarité humaine lui seront expliqués.

Lorsque le comte Roselly de Lorgues commença d'écrire son *Christophe Colomb*, il avait déjà l'intuition complète de ce grand Homme et de ce grand Saint. Il savait où prendre le type de cette destinée exceptionnelle et toute son âme vibrait à ces clartés surhumaines comme un être ailé qui s'élève en frémissant dans un rayon de lumière et d'or.

Il savait la seule chose que les hommes puissent bien savoir, c'est-à-dire ce que Dieu leur dit de Sa Bouche au fond du cœur.

Antérieurement à toute recherche d'érudition, il avait la préconception assurée de ce qu'il allait découvrir. S'il ne l'avait pas eue, il n'aurait pu rien découvrir et n'aurait pas même cherché.

C'est l'*identité d'inspiration* avec son héros, c'est un autre écho de la même Pensée divine retentissant à quatre siècles de distance dans un autre cœur.

En vertu d'une de ces lois d'affinité mystérieuse par lesquelles nous sommes forcés de tout expliquer, Christophe Colomb appelait cet historien et non pas un autre, et il l'appelait de cette façon.

Il fallait un révélateur pour raconter le Révélateur.

Dans l'ardeur de sa première jeunesse d'écrivain, le comte Roselly de Lorgues livré à d'autres travaux, dut entrevoir des yeux de l'âme, comme un point fixe au centre d'une époque du monde, la grandeur de l'Homme qu'il était appelé à glorifier.

Cette vision devint peu à peu plus précise, grandit dans son cœur, monta dans sa pensée et l'envahit tout entier. L'ordre du Souverain Pontife qui lui commanda d'écrire, fut le dernier trait de la Grâce pour l'achèvement de sa destinée.

A ce moment, l'historien s'en alla où était son amour et chercha des matériaux pour lui construire un tabernacle.

Que la Critique s'informe exactement de la valeur précise de ces matériaux, si telle est sa fantaisie. Elle l'a fait, d'ailleurs, avec une rage inouïe, sans pouvoir formuler un valide blâme. Quant à moi, je n'ai nul besoin de m'en mettre en peine.

Il me suffit de savoir ceci : que le véritable Colomb est *nécessairement* celui-là et qu'on ne peut en imaginer un autre qui ne soit impossible, inconcevable et ridicule; qu'il explique seul, dans le sens métaphysique le plus élevé, le tourbillon de créatures humaines au centre duquel il nous est montré; qu'il vit enfin et qu'il palpite sous nos yeux, dans notre main, dans nos cœurs, comme jamais, peut-être, aucune physionomie de héros n'avait palpité...

Le comte Roselly de Lorgues paraît ainsi n'avoir touché à l'histoire que pour en dépasser les concepts.

On croit voir en lui le compagnon de l'Homme Unique dont il est presque impossible de parler sans tremblement, quand on sait ce que Dieu avait mis en lui et ce que les hommes lui ont fait ; — mais le témoignage véridique de ce narrateur est saturé d'une si vivante pitié pour le Géant de l'Apostolat écrasé sous la Croix qu'il porte à la moitié de la terre, qu'en le lisant, les âmes se fondent de compassion et qu'on est tenté de demander au Seigneur, en vue de quelles épouvantables revendications de sa Justice, il permet à l'ingratitude humaine de s'exercer à ce point sur les amoureux de sa Gloire [1] !

Que pensez-vous, après cela, du fameux prix de 30,000 francs, et pourquoi le duc de Veragua n'offrirait-il pas une récompense encore plus forte à l'homme de génie qui nventerait, par exemple, la charrue, l'art de bâtir ou la table de multiplication de Pythagore ?

[1] Léon Bloy. *Le Révélateur du Globe.*

Cet éleveur ne paraissant pas au courant des choses, il serait sans doute facile à ses francs-maçons adorés de lui persuader qu'il importe au progrès social de mettre au concours les *Aventures de Télémaque* ou les *Fables de Lafontaine*, à moins qu'ils ne jugeassent plus urgent de lui démontrer la nécessité de construire a bref délai la Pyramide de Chéops ou la cathédrale de Cologne, en donnant, bien entendu, de considérables sommes à l'un d'entre eux pour l'expédition de ces travaux d'embellissement de... l'Estramadure.

Car il semble qu'ils aient le pouvoir de lui faire tout avaler et de l'inciter aux plus énormes sottises, depuis qu'ils sont parvenus à le recruter contre son Ancêtre.

J'aimerais à savoir, néanmoins, quelles peuvent être, en ses bons instants, les pensées opaques de ce malheureux.

Il est impossible d'admettre qu'on ne lui ait jamais rien appris de son origine. Il doit savoir, au moins, la signification historique des titres et des armoiries dont il prostitue la beauté.

Aperçoit-il quelquefois, dans la brume de ses souvenirs d'enfance, la douloureuse Figure de l'Amiral exorcisant la tempête et coupant le typhon d'un signe de croix de sa grande épée[1]?

La compare-t-il alors, cette haute physionomie du Mandataire de la Trinité, aux ignobles faces des papelards de fraternité qui l'abrutissent et le déshonorent, et ne lui vient-il jamais des extrémités de ce libre Océan dompté naguère par le Fondateur de sa Race, quelque obscure velléité d'affranchir son âme de ses argousins?

S'il pouvait se trouver seulement un homme dans cette Académie de calomniateurs dont je parlerai dans un instant, cet homme, sans doute, oserait lui dire que le ridicule est un négligeable superflu, quand on a l'honneur de porter le plus grand Nom de la terre, que l'ignorance *voulue* d'un inestimable bienfait n'est pas le clairon d'une renommée princière et que, par conséquent, c'est une vilenie pleine d'imprudence de susciter un abominable cuistre trente mille fois payé au-dessus de sa valeur, pour tenter d'obscurcir les travaux d'un grand historien à qui on est redevable de la considération du monde entier.

[1] Voir l'appendice C.

Car le comte Roselly de Lorgues est un bienfaiteur inouï pour ce lamentable héritier du Serviteur de Dieu qu'il a magnifié.

La Maison trois fois séculaire de ce mauvais riche et de ce descendant impie, fut rebâtie, pierre à pierre, des vaillantes mains du glorificateur de Colomb, purifiée des immondices de la Calomnie, désobstruée des taillis et des ronces de la fausse histoire et restituée à l'admiration des peuples, — étonnés d'apprendre qu'aussitôt après, le possesseur de ce magnifique domaine y faisait passer le cloaque immense de la Crapule et de la Stupidité révolutionnaires !

## VI

# LE VESTIBULE DE CAÏPHE

## VI

## LE VESTIBULE DE CAÏPHE

> Priusquam Gallus cantet, ter me negabis.
> *Les Quatre Évangélistes.*
> Dat veniam corvis, vexat censura *Columbas.*
> Juvénal, satire II.
> ........ de virtute locuti,
> Clunem agitant.
> *Eodem loco.*

Je viens d'annoncer que je parlerais des Académiciens de Madrid. La matière est telle que j'hésiterais à promettre, par serment, une indépassable courtoisie, et que je renonce tranquillement à l'espoir d'étonner le monde en déployant un respect sans bornes.

Je me suis surtout occupé, jusqu'à cette heure, du duc de Veragua et de son gluant Trissotin, lequel s'utilise, dans la cuisine, avec un si consolant succès, à décrocher la crémaillère de son protecteur.

Il me faut venir maintenant à l'Académie d'histoire qui doit déposer une auréole de trente mille francs sur le front déjà lumineux de ce famulus impayable.

On essaierait en vain d'exprimer l'admiration que font éclore le discernement critique et l'indépendance altière de cette assemblée.

Je ne m'y consumerai donc pas, me bornant au savoureux exposé de la Cause du Révélateur par devant les juges madrilènes qui décideront, dans deux ans, — avec l'autorité sans réplique d'un seul caissier, — de l'avenir historique de Christophe Colomb.

Cela remonte à treize ans déjà, le rôle important de cette Compagnie pleine de science n'ayant ostensiblement commencé qu'à l'occasion de la découverte des reliques de l'Amiral, dans la cathédrale de Saint-Domingue.

Sa conduite remarquable, en cette occasion, nous inondera de clartés sur l'esprit élevé de l'Aréopage appelé à récompenser le grand Icoglan de la bibliographie.

« Le 10 septembre 1877, un événement

extraordinaire, qui émut un instant la curiosité humaine dans les deux hémisphères, se produisait en Amérique.

« Les restes mortels de Christophe Colomb, qu'on supposait enfermés, depuis 1796, dans la cathédrale de la Havane, furent retrouvés tout à coup dans celle de Saint-Domingue.

« Une tradition constante, relative à la présence des reliques du grand Amiral, subsistait depuis quatre-vingts ans dans cette terre qu'il avait si chèrement aimée et que, suivant son fier langage, il avait « par la volonté de Dieu, acquise à l'Espagne en *suant le sang* ».

« D'anciens habitants de Saint-Domingue se refusaient à croire que le désir, formellement exprimé dans son testament, d'être inhumé dans ce lieu, eût été déçu comme l'avaient été, de son vivant, tous les autres désirs de cette Colombe amoureuse qui ne trouva pas, sur notre fange, une seule place où reposer ses faibles pieds trempés d'éther et qui finit par s'échapper, toute saignante, dans le ciel !

« Mais, du côté de l'Espagne, la surprise et l'incrédulité ne furent pas médiocres.

« Lorsqu'en exécution d'une clause du traité de paix conclu à Bâle, le 22 juillet 1795, l'Espagne dut céder à la France le territoire qu'elle possédait dans l'île espagnole, le chef d'escadre, au moment d'abandonner Saint-Domingue, avait ressenti le patriotique désir de ne point laisser aux nouveaux possesseurs du sol les cendres de Christophe Colomb.

« On savait qu'elles devaient se trouver sous le sanctuaire, du côté de l'Évangile. En conséquence, on avait recueilli, pour la transporter pompeusement à l'île de Cuba, une poussière anonyme trouvée dans un caveau, sans armoiries ni inscriptions d'aucune sorte.

« Puis, le temps, à son tour, ayant fait une nouvelle poussière de tous les contemporains et témoins de cette spoliation, le fameux orgueil castillan s'était parfaitement contenté de cet à peu près de reliques du Bienfaiteur de l'Espagne.

« Au surplus, qu'en aurait-il fait ? L'Espagne s'est montrée si ingrate et si noire pour le grand Homme qui lui donnait, au Nom de Jésus-Christ, la moitié de la planète, qu'il est bien permis de penser que le profond abaissement de ce peuple si héroïque et si dur a été le châtiment du crime effroyable de l'avoir fait mourir de douleur.

« Et cependant, lorsque le bruit se répandit en Europe de la découverte certaine des restes de Colomb, le gouvernement espagnol, jaloux et humilié, mit en œuvre toutes ses ressources télégraphiques et diplomatiques pour le démentir partout sans examen.

« Après avoir si longtemps fait le silence sur ce Héros, — dit le comte Roselly de Lorgues, — l'Espagne s'efforçait maintenant de procréer l'erreur sur ses reliques, en persuadant au monde entier qu'elles demeurent réellement en sa possession à Cuba, *protégées par sa glorieuse bannière.* »

« L'Espagne n'a jamais pu pardonner à Christophe Colomb de l'avoir faite, pendant deux siècles, la plus puissante nation de l'univers. En voilà bientôt quatre qu'elle le méconnaît et le déshonore! Toute la canaille péninsulaire, monarques en tête, s'est ruée sur ce sublime Malheureux qui la fait mugir comme les taureaux de ses arènes, en étendant vers elle ses nobles mains enchaînées.

« Elles semblent lui dire, à la manière

des Juifs blasphémant le Sauveur crucifié : « Que ne te délivres-tu toi-même, toi qui prétendais délivrer les autres, en faisant l'aumône aux peuples et aux rois ? Nous croirons volontiers que tu es l'Envoyé de Dieu si tu t'élances de ce cachot de mensonges où nous avons muré ta mémoire ! »

« Mais la victime, qui était morte et dont les pieds d'une dizaine de générations à tête dure avaient refoulé le cadavre dans les ténèbres abolissantes de l'oubli, est enfin ressuscitée et c'est l'Eglise qui nous la montre toute ruisselante de gloire.

« Christophe Colomb, cet homme d'incomparable exception, a reçu de Notre-Seigneur Jésus-Christ, dont il partagea plus qu'aucun autre les souffrances, le privilège réservé de traîner, comme Lui-même, tout un peuple stigmatisé de sa mort, dans le sillon lumineux de son immortalité !

« Pourquoi donc, alors, revendiquer à si grands frais la pauvre poignée de poussière d'un homme de rien, d'un batelier, d'un pilote, d'un rêveur inutile décédé depuis quatre siècles ? Pourquoi ce grand souci national à l'occasion d'un *ingrat* étranger qui, après avoir accru la domination de l'Espagne de tant de millions de sujets indiens dont il était le Père spirituel, refusa l'aumône de quelques écus en échange de l'Evangile qu'il voulait leur enseigner et mourut impuissant, au pied de la Croix, des éclaboussures sanglantes de leur supplice?

« La réponse est trop facile, hélas ! Si, véritablement, il pouvait être prouvé que les restes de l'Amiral sont à la Havane, ils continueraient d'y être honorés comme les débris inconnus qu'on y transporta en 1795, l'ont été jusqu'à cette heure : c'est-à-dire que, malgré la place qu'ils sont supposés occuper dans le chœur de la cathédrale, au-dessous d'un buste assez mesquin, personne ne pourrait dire où ils se trouvent réellement.

« En 1834, il se disait à la Havane que, peu d'années auparavant, les restes de Colomb avaient été transportés au cimetière général où aucun monument ne signale leur présence à la curiosité du visiteur !...

« Ces honneurs-là suffisent à la piété filiale de la catholique Espagne et elle prétend qu'ils nous doivent suffire aussi, à nous autres qui ne sommes pas espagnols et, en même temps, à toute la terre. L'Espagne est très persuadée que Christophe Colomb lui appartient ; dès lors, elle est seule juge de la pincée de gloire qu'elle consent à lui départir et elle s'arrange pour draper sa vieille injustice dans le manteau administratif d'une rhétorique de reconnaissance.

« Mais si, au contraire, les ossements de ce nouveau Paul d'une gentilité inconnue jusqu'à lui, sont encore à Saint-Domingue, — comme il est certainement prouvé ; si cette découverte miraculeusement correspondante au mouvement actuel de l'opinion catholique sur Colomb hâte l'heure désirable de sa Béatification, il est assez facile de prévoir l'immense vénération du monde chrétien pour les reliques d'un Saint dont l'exceptionnelle majesté lui sera enfin démontrée.

« Alors, il se pourrait bien que la cathédrale de Saint-Domingue devînt, en réalité, la *Jérusalem Américaine*, comme le lui ont railleusement prophétisé les académiciens espagnols salariés pour être les ennemis d'un cercueil et qui ne croyaient pas si bien dire !

« En ce jour, l'humiliation et la honte de l'Espagne seront à leur comble et c'est ce danger qu'elle s'efforce de conjurer par tous les moyens possibles et à quelque prix que ce soit.

« En attendant ce suprême châtiment national, la compétition inouïe de ces deux cercueils donne singulièrement du côté de l'Espagne, la mesure d'une haine dont je ne crois pas qu'il y ait d'exemple et qui, par sa persistance de quatre siècles, prend le caractère surnaturel d'une malédiction divine.

« Il faut lire la polémique si précise et parfois si spirituellement coupante du comte de Lorgues[1] pour avoir l'idée de ce repli obstiné, de cette obduration invincible, de ce front de taureau du vieux préjugé castillan, réfractaire à toute évidence, aussitôt qu'il s'agit de ne pas fouler aux pieds Christophe Colomb.

« Le Cabinet espagnol, fortement ému de l'événement de Saint-Domingue et considérant qu'il se devait à lui-même d'obéir à l'hostile tradition, au lieu d'envoyer à Saint-Domingue et à Cuba une commission d'érudits et d'archéologues, chargea l'Académie royale d'histoire de juger du fond de ses fauteuils,

[1] *Les Deux Cercueils de Christophe Colomb.* Paris, 1882.

à Madrid, ce qui venait de se passer aux Antilles.

« Les académiciens qui seront toujours de très dociles sujets, à quelque nation qu'ils appartiennent, se gardèrent bien de contrarier le Pouvoir qui leur avait d'avance, par une circulaire, tracé ses conclusions. Le comte Roselly de Lorgues lacère et fripe terriblement, en quelques pages, le travail de ces messieurs. Il n'en laisse subsister que la honte qui n'est peut-être pas un lourd fardeau sur leurs épaules.

« Les circonstances de la découverte des restes sont infiniment simples. Dans le cours des travaux de réparation de la cathédrale de Saint-Domingue, l'ingénieur chargé de les diriger découvrit dans la partie souterraine du sanctuaire, du côté de l'Evangile, un coffre de métal, sur lequel on put lire cette inscription abrégée : D. de la A. P$^{er}$ A$^{te}$, c'est-à-dire : *Découvreur de l'Amérique Premier Amiral;* et sur les côtés : C. C. A., *Christophe Colomb Amiral.*

« La caisse ayant été ouverte, on aperçut des ossements humains. A la partie intérieure du couvercle, on lut ces mots en caractères gothiques allemands :

ILL.re Y ESdo VARON.<br>
Dn CRISTOVAL COLON[1].

« Enfin, le 2 janvier suivant, une nouvelle constatation, aussi officielle que possible, ayant été faite en présence de tous les ministres, des autorités de la ville et des consuls d'Espagne, d'Italie, d'Allemagne et de Hollande, convoqués pour assister à la levée des scellés, on trouva au fond de la caisse, sous la poussière des ossements, une plaque d'argent inaperçue lors du premier examen et sur laquelle se lisaient deux inscriptions, l'une à la face, l'autre à l'exergue. Celle-ci portait seulement ces lettres :

V. CRISTOVAL COLON

mais sur la première, on lisait :

V. Pte *de los* rtos *del* Per Alto<br>
D. CRISTOVAL COLON *des*.

---

[1] Procès-verbal de la découverte opérée, le 10 septembre 1877, dans la cathédrale de Saint-Domingue, signé des trois notaires : Pedro Polanco, Mariano Montolio y Rios et Leonardo Delmonte y Aponte.

ce qui signifie : Dernière partie des restes du Premier Amiral Don Christophe Colomb, découvreur.

« A l'exception d'un petit nombre d'os passablement conservés, tout était en poussière. Ce dut être une étrange émotion. Pour une âme un peu profonde, les restes d'un inconnu sont déjà singulièrement suggestifs de mélancolie, quand on les voit très anciens, émiettés aux angles des siècles et que toute forme s'étant abolie, la simagrée terrible du squelette, elle-même, a disparu.

« Qu'est-ce donc quand on connaît le passé de cette cendre, que ce passé est très grand et que cette balayure de l'éternité a un Nom que l'habitude de le prononcer a fini par rendre magique comme une formule évocatoire?

« Ces détritus de l'arbre pensant qui doit reverdir un jour retiennent, malgré tout, une si étonnante empreinte de la Vie, ils profèrent, à leur manière, une si formidable affirmation de leur essence, qu'on n'a jamais pu s'empêcher d'écrire sur les sépulcres des paroles d'immortalité. Humbles ou fastueuses, ces inscriptions veulent toujours dire que le décédé a été ceci ou cela plus qu'autre chose, qu'il est nécessaire que l'Infini le sache et s'en contente, et que c'est sur cette sentence lapidaire des hommes qu'il faut absolument que Dieu le rejuge à son tour.

« Mais, si les hommes jugent comme ils veulent, Dieu seul juge comme il *peut* et nul ne sait exactement ce que Dieu peut !...

« La relation d'un pareil événement était nécessaire. Les chrétiens qui croient avec fermeté au Dieu vivant et à sa Providence, ont généralement regardé ce fait comme une sanction divine du magnanime projet de Béatification conçu par Pie IX et que la mort a empêché ce grand pape de réaliser.

« La certitude du lieu de sépulture de l'Amiral et l'authenticité de ses Reliques font disparaître une des objections les plus graves à l'introduction de sa Cause devant la Sacrée Congrégation des Rites. En même temps, cette découverte de la tombe inconnue du plus grand des hommes éclaire un peu plus, au profit de l'histoire, le rôle exceptionnellement sacrifié de ce Postulant toujours malheureux, qui ne paraissait pas avoir obtenu même une sépulture selon son cœur et qui vient à peine de commencer authentiquement le *noviciat* de son propre tombeau[1]. »

On vient de lire que l'Académie royale d'histoire de Madrid fut chargée par le gouvernement espagnol de donner son avis sur l'événement de Saint-Domingue et d'éclairer, de tous les flambeaux de sa critique, un simple fait, parfaitement lumineux en soi, qui crevait les yeux à tout le monde et qui n'avait nul besoin d'optique ni de lampadaires.

Un copiste quelconque, un écrivain public idoine à rédiger un tendre aveu pour une cuisinière de son quartier ou une pétition de secours pour quelque savetier indigent, aurait merveilleusement accompli cette besogne, puisqu'il suffisait de transcrire, en une écriture discernable, les authentiques procès-verbaux de Saint-Domingue et le rapport détaillé du commissaire officiel envoyé sur les lieux par le gouverneur de Cuba, d'après les instructions du cabinet espagnol.

Il est vrai que ce rapport qui concluait loyalement à la réalité de la découverte, avait été jeté au panier, en même temps que le con-

---

[1] LÉON BLOY. — *Le Révélateur du Globe.* II<sup>e</sup> partie, chapitre xi. Paris, 1884.

sul d'Espagne recevait brutalement l'avis de sa destitution pour sa peine d'avoir écrit une relation fidèle de ce qui s'était passé sous ses yeux.

Le ministre n'entendait pas que ce qui était avéré fût officiellement admis et cela rendait la tâche malaisée pour des académiciens qui en sont encore à M. de Voltaire et, par conséquent, ont remplacé la crainte de Dieu, qui n'est, après tout, que le septième Don de l'Esprit-Saint, par la crainte du Gouvernement qui est le commencement des honneurs et des gratifications.

D'autre part, il fallait se donner l'air d'avoir quelque chose à dire qui ne fût pas d'une effronterie et d'une stupidité à faire brâmer les montagnes. Enfin et surtout, il s'agissait d'être *patriotes*, c'est-à-dire de combiner l'outrage traditionnel à la mémoire du Révélateur avec les protestations d'une délicatesse infinie sur le point d'honneur de la sépulture de Colomb.

L'Espagne, sans doute, se réserve le droit de juger historiquement un aventurier dont elle a trop généreusement payé les faibles services en l'accablant de douceurs et de consolations pendant sa vie, mais aujourd'hui qu'il est mort, elle se ferait manger les intestins avant d'avouer qu'elle a pu ne pas entourer sa tombe du respect le plus silencieux et le plus profond.

Subsidiairement, il apparaissait comme indispensable, à ces piliers d'institut, de traîner dans le ruisseau de leurs esprits le pauvre comte Roselly de Lorgues qui avait eu l'audace d'écrire en français une histoire magnifique et *définitive* de ce Héros assassiné dont ils sont les corbeaux jaloux et qui s'était, en outre, avisé de le proposer à la vénération de l'Eglise.

Tout cela, il faut en convenir, était assez difficile. Qui sait même s'il ne se trouvait pas au milieu d'eux quelque individu gênant, quelque fâcheux collègue ayant étudié quelque chose, hostilement doué de quelque esprit ou de quelque vague sentiment d'honneur et, dès lors, insuffisamment pénétré de l'urgence d'une turpitude[1] ?

Quoi qu'il en soit, il leur fallut DOUZE MOIS pour accoucher du mémoire que le ministère attendait de leur dévouement et qu'ils au-

[1] V. Appendice D.

raient pu dicter en *douze heures,* en décrottant leurs souliers, s'ils avaient eu moins de zèle.

Aussitôt, le ministre de l'instruction publique, incapable de s'en laisser remontrer par qui que ce fût pour l'intelligence et la dignité, le dissémina dans tous les coins écartés de notre univers et ne craignit pas d'apporter lui-même, avec diligence, aux journalistes les plus pressés ou les plus copieux, cet indispensable papier.

Un tel mémoire, si péniblement évacué, ne devait pourtant pas, malgré le cynisme augural de ses affirmations dédaigneuses, réconforter puissamment l'orgueil des moins fiers ennemis de Christophe Colomb. On sentait si bien l'impuissance et l'innocuité de ces malheureux serpents à lunettes qui s'étaient si patiemment agacé les crocs sur les ferrures d'un vieux cercueil, dans l'espoir déçu de se soutirer un peu de venin !

Qu'on veuille bien, en effet, se représenter la situation de cette Académie domestique, forcée pour assouvir les maîtres qui la protègent, de plier à leur consigne le destin lui-même, de s'emparer d'un événement lucide et pur comme la bonne lumière de Dieu, de le dénaturer en toutes ses parties, de le dissoudre en le putréfiant à son haleine, de baver sur lui comme le reptile sur sa proie et de l'engluer ignoblement de ses mucilages ; — puis de le pétrir, de le triturer, de le rouler en boudin sur l'étal contaminé d'un fétide laboratoire en l'amalgamant à d'inexprimables ordures !

Alors qu'il suffisait d'un simple constat, il fallut, sans doute, pour s'ajuster aux conclusions excogitées par le ministère, bouleverser des archives de fond en comble, ouvrir le ventre à des dossiers innombrables, désobliger les cloportes et les araignées, inhumer son âme dans le crottin des rongeurs... Tout cela, pour dénicher, s'il se pouvait, au préjudice de Christophe Colomb, quelque alibi de la Providence !

Ils ne font que cela, depuis si longtemps, tous les calomniateurs du Porte-Christ, chercheurs éternels de la circonstance inconnue, de l'heure introuvable où l'amitié du Seigneur lui fût infidèle, en laissant une arme à ses ennemis !

Car l'enquête sur le vrai cercueil s'élargit aussitôt démesurément, la destinée posthume de Colomb étant d'agrandir et de magnifier toute manifestation dont il est l'objet, fût-ce la bêtise ou la mauvaise foi de ses contempteurs.

Naturellement, l'historien catholique fut incriminé et même bafoué, de cette ironie balourde et châtrée qui paraît être la framée ou l'esponton des académies sépulcrales quand elles entreprennent l'extermination d'un vivant. On lui demanda s'il avait assisté Colomb, s'il l'avait suivi pas à pas dans ses voyages sur mer et sur terre ou, du moins, s'il l'avait connu familièrement, etc. On ne recula pas même devant la plate infamie de le citer inexactement et de souligner en *italiques* les opinions imaginaires et compromettantes qu'on lui imputait.

Le comte Roselly de Lorgues leur répondit tranquillement par le bienveillant conseil d'étudier la langue française et de fréquenter leur propre histoire.

Naturellement encore et pour obéir au fonctionnaire illuminé dont ils desservent l'autel, cette Académie exemplaire n'oublia pas de certifier la *fraude* sacrilège de l'archevêque de Saint-Domingue, évident complice du comte de Lorgues pour le fait délictueux de la sépulture supposée. Le monde apprit avec stupeur que la caisse de plomb, les ossements, les inscriptions et jusqu'à l'enthousiasme d'un peuple avaient été commandés par eux à l'avance, chez un fournisseur étranger qui n'exporte que pour les miracles et les canonisations.

Ici s'impose l'énoncé d'un profond mystère. Le bibliographe Harisse, fils présumé de Jacob et cosmopolite citoyen des Etats-Unis, vraisemblablement ulcéré d'une vilenie qu'il n'avait pas inspirée lui-même, n'approuva pas en cette occasion, les académiciens de Madrid.

A défaut de l'estime universelle, ils avaient compté sur le suffrage de cet oracle et voici qu'il notifiait, au contraire, leur plate sottise et l'inanité de leur factum. Ce leur fut un très rude coup.

Pour tout homme qui sait et qui pense, l'opinion d'un pareil juge, en quelque matière que ce fût, équivaudrait au néant. Mais l'importance d'un cuistre est relative aux idiots sur lesquels il plane et pour ceux de l'Académie royale, le polygraphe ennemi de Colomb était beaucoup plus qu'un aigle. Il était Jupiter lui-même, le Jupin tonnant de l'histoire et de la critique, dont ils ne méritaient pas d'épousseter les sandales d'or.

Abandonnés par cet « assembleur de nuages », ils se consolèrent comme ils purent, en léchant la basane du gouvernement qui laissa, je suppose, tomber sur eux quelques décorations et quelques mouchoirs pour essuyer leurs yeux en pleurs.

Mais comment diable se sont-ils réconciliés ? Voilà le mystère. Car ils sont aujourd'hui fort bien ensemble et la solennité qui se prépare, du couronnement d'Harisse par les dignitaires qu'il a saboulés, est une assez forte preuve, n'est-il pas vrai ? de l'apaisement de leurs âmes.

Que s'est-il passé ? Ont-ils fait amende honorable sur son paillasson, alléguant avec repentir l'indépendance et l'incoercible fierté du sang espagnol, et faisant valoir surtout à ce dépendeur d'andouilles, qui l'aurait admirablement compris, les saintes exigences de la domesticité ? Ou plutôt, le duc des picadores est-il intervenu comme un pacificateur, pour lubrifier de quelque saindoux les charnières oxydées de leur dévouement ? Je ne puis, hélas ! que conseiller la résignation aux esprits curieux qui réclameraient une plus abondante lumière.

Nous voici parvenus au deuxième chant de la trilogie, car c'est bien une trilogie, une sorte d'histoire tripartite comme celle de Cassiodore, et qui s'achève en apothéose à l'apparition glorieuse des Trente mille francs.

La courte et lumineuse réponse de l'historien de Colomb à l'Académie royale, réponse qui mettait à néant le fameux rapport et démontrait la réalité de la découverte, avait eu un tel succès que le gouvernement de Sa Majesté Catholique, en dépit des triomphantes assertions qui avaient précédé le travail piteux de ses académiciens, se croyait obligé de faire humblement appel aux érudits des autres Etats.

Le comte Roselly de Lorgues y répondit, en 1885, par son *Histoire Posthume de Christophe Colomb*, complément nécessaire de la biographie du Héros et couronnement des travaux de son historien.

Ce livre suprême, d'une érudition singulière et qui révèle tant de faits inconnus, n'est rien d'autre que le récit de cette gloire exorbitante, s'abimant dès son aurore, voyageant dans le mystère des catacombes, par-dessous la rumeur d'une dizaine de générations et surgissant tout à coup, par la volonté d'un pape, malgré les efforts diaboliques d'une multitude d'imbéciles épouvantés d'un tel signe, au moment précis où la splendeur obscurcie du Catholicisme a tant besoin de ce réconfort de magnificence !

L'infatigable Postulateur, après avoir, dans son *Histoire* de Colomb, raconté l'Odyssée chrétienne de celui qu'il nomme le Messager de l'Evangile, nous fait voir maintenant l'horrible dessous ténébreux de ce drame immense où les Anges pleurants ont pu contempler l'abominable victoire des puissants écrasant un Pauvre qui était l'ami de Dieu.

On peut désormais suivre, fil à fil, la trame savante de ce tissu d'iniquités qui commence au premier succès du Héros catholique et qui ne tendait à rien moins qu'à la ruine totale et sans remède des plus grandioses conceptions que l'amour d'un homme eût jamais enfantées.

L'historien indigné et implacable ne se contente pas de ce tourbillon de crimes et de mensonges qui submergèrent, comme des ondes, l'Envoyé de Dieu ; il nous fait enjamber son cercueil et nous force à tâter dans les ténèbres les sépulcres oubliés de sa race descendue tout entière dans le même gouffre.

Certes ! il convient à Dieu que la vérité et la justice aient enfin leur tour et que l'hypocrisie, même séculaire, soit une bonne fois démasquée, pour que cette terre qu'il a faite ne ressemble pas décidément à quelque Panthéon sinistre à la porte duquel une main de l'Abîme aurait écrit ces mots avec le sang des saints : ICI ON ASSASSINE LES GRANDS HOMMES !

« L'Académie royale d'histoire de Madrid, — racontait, en juillet dernier, la *Revue du monde catholique*, — n'a pu oublier sa défaite ni pardonner à l'écrivain français son écrasante réfutation. Aussi, lorsque parut l'*Histoire Posthume*, s'est-elle empressée d'en entreprendre la démolition. Comme une meute à la curée, ces irritables savants se sont précipités sur l'ouvrage pour le mettre en pièces; ils se sont distribué la besogne. Ce n'est qu'après un examen collectif et itératif qu'ils ont fait choix d'un rapporteur.

« Une fois la tâche de celui-ci terminée, dans sa vive rancune, l'Académie n'a pas eu la patience d'attendre son jour ordinaire des séances. C'est « en assemblée extraordinaire du 10 mai 1885 », *en Junta extraordinaria cele-*

*brada el dia* 10 *de mayo*, qu'elle s'est réunie pour jouir du rapport que M. César-Fernandez Duro était chargé de faire. Ce rapport, imprimé aux frais de l'Etat, forme un volume de 304 pages, intitulé : *Colomb et l'Histoire Posthume,* « Colon y la historia postuma ». Il a été répandu à profusion. »

Ai-je besoin d'ajouter que cette nouvelle machine, dirigée contre l'œuvre française, s'attaquait passionnément à la personne même de l'auteur ? Il serait inutile et fort assommant d'essayer une analyse de cette chose de néant. C'est le rebâchage vomitif des mêmes calomnies et des mêmes sottises. C'est l'entêtement invincible de certains animaux heureux de croupir, que la trique elle-même est impuissante à tirer de leur vautrement et qu'on ne pourrait expulser du cloaque de leurs délices qu'à la condition d'en faire bouillir la fange, au risque d'asphyxier les oiseaux du ciel !

Il serait encore plus inutile, s'il se peut, de chercher à leur faire comprendre qu'un acharnement si bête est infiniment glorieux pour l'écrivain supérieur dont les étrivières ont le pouvoir de tant exciter leur rage ; qu'ils servent ainsi, de la manière la plus efficace, la sainte Cause de Christophe Colomb ; et qu'il n'est pas possible, enfin, de jeter l'ordure à la vérité, comme ils le font, sans déterminer aussitôt la germination des roses de la colère dans les cœurs organisés pour l'admiration.

L'outrecuidance remarquable de ce nouveau mastic, de ce replâtrage d'âneries et de saletés, trahit et rend manifeste l'intervention du bibliographe américain, avec lequel ils s'étaient évidemment recollés déjà. L'avortement non pareil de leur première élucubration démontre assez qu'ils n'eussent jamais été capables de mettre bas ce filandreux pamphlet, sans le secours du vétérinaire d'institut qui les accoucha. Qu'ils reposent en paix, sous l'aisselle de leur compère, en attendant l'heure, plus prochaine qu'ils ne le pensent, des rétributions.

Pourquoi donc, cependant, ne se sentent-ils pas absolument rassurés ? Le borborygme prolongé de leurs arguments dénonce une colique secrète et dissimulée avec soin, mais dont les effets éclateront aussitôt que le premier aveugle venu heurtera de son bâton les murs sonores de la catacombe où ils se sont réfugiés contre la lumière...

Tirons le rideau sur cette scène épouvantable, comme disait Chateaubriand, et bénissons l'imbécillité d'une injustice qui nous laisse voir, sans que ses auteurs en aient le soupçon, à quelles conditions fangeuses pourrait être obtenu le fameux prix de trente mille francs, si le lauréat des Loges et des Synagogues venait à mourir.

Car il peut mourir, le grand Pan de l'Equivoque et de l'Apocryphe ! On peut le perdre soudainement et à jamais. Il peut arriver que ses frères et compagnons l'aient soigneusement enfoui, comme un trésor, dans quelque trou laïque et civil, un peu avant le glorieux jour de la récompense. Il faudra donc dénicher un autre triomphateur, un suppléant à ce victorieux décédé et ce ne sera pas facile si l'Académie d'histoire n'y a pas pensé dix ans à l'avance.

Rassurons-nous, cependant. D'autres y auront pensé pour elle. La puissance occulte à laquelle tout obéit là-bas ne sera jamais à découvert de spadassins et de renégats. Ses viviers sont toujours pleins et on pullule dans ses crapaudières. Le premier claquedent littéraire qui lui tombera sous la main, sera précisément le Briarée dont elle a besoin pour tout démolir, si ce famélique n'a pas peur de Dieu. Elle le remplira de son esprit et l'enlèvera d'un solide coup de fouet, après lui avoir chuchoté son programme. Programme, d'ailleurs, infiniment simple et que comprendrait un enfant.

Avant tout, exterminer la grande *Histoire* catholique du comte Roselly de Lorgues. *Delendus Comes*. Tel doit être l'objectif, la souveraine préoccupation du pointeur, puisque la culasse du mortier de trente mille francs n'a été fondue que pour ce bombardement.

A cet effet, se pénétrer profondément de l'inexistence de Dieu et de l'absurdité des impulsions mystérieuses par lesquelles on a supposé que certains grands hommes pouvaient agir ;

Invoquer avec ferveur les témoignages variés de la science expérimentale et congédier avec dédain le surnaturel décrépit dont quelques rêveurs ont tenté l'introduction dans l'histoire ;

Partant de là, nier avec une énergie de tous les diables la vocation et la prédestination de Christophe Colomb ;

Démontrer lumineusement qu'il n'a pas

découvert le soi-disant Nouveau-Monde que toute la terre connaissait avant lui, ainsi que l'établissent avec évidence de nombreux et viridiques témoignages malheureusement perdus ;

Qu'il y alla, pour ainsi parler, *en voisin*, dans l'unique objet de s'enrichir et de se rendre important, en faisant croire qu'il avait trouvé quelque chose ;

Pour ce qui est du caractère de ce prétendu Messager divin, soutenir avec audace qu'il était d'un orgueil infernal et d'une ambition effrénée qui le rendirent bientôt insupportable, non seulement aux pauvres Indiens si férocement opprimés par lui, mais encore aux évangéliques Espagnols, forcés de rentrer en Castille pour échapper à la tyrannie de ce nouveau Pharaon, *del rey Faraon*.

Comme il faut être juste envers tout le monde, le lauréat des Vénérables, usant de cette bonne foi judaïque dont le bibliographe célèbre nous a donné tant de preuves, devra reconnaître que Christophe Colomb n'était pas absolument un idiot, malgré son catholicisme, qu'il avait quelque expérience de la navigation, un aplomb superbe et qu'il fut assez bien servi par les circonstances. Comme cela, on ne pourra pas crier à l'iniquité.

Mais, encore une fois, la chose qu'il ne faut pas oublier un seul instant, c'est de répandre à tout propos quelques infamies sur le comte Roselly de Lorgues et de souiller, s'il est possible, jusqu'à l'intérieur de sa vie privée...

Il est bon d'apprendre à ces catholiques si fiers, qui pourraient autrement l'ignorer toujours, que leur Pie IX avait choisi précisément le plus médiocre des hommes et le plus méprisable en ses pratiques, pour être l'historien de Colomb qu'il vénérait à l'égal d'un saint.

Mais laissons là toute idée funèbre. C'est le pieux Harisse, nous l'espérons bien, qui accomplira ce joli travail, à moins qu'il n'en charge un commissionnaire ou un porteur d'eau, et c'est bien lui que les académiciens couronneront en 92 et proclameront l'*Unique* historien du Révélateur du Globe, aux applaudissements unanimes des francs-maçons et des vachers ; — cependant que les carillons et les canonnades lointaines chanteront, à leur manière, l'énorme gloire du Pauvre à qui les tempêtes ont obéi et qui fit trembler toutes les colonnes de Ténèbres, quand il descendit aux enfers pour délivrer la moitié du genre humain !

# VII

# LE SOLITAIRE

## VII

## LE SOLITAIRE

> Unicus et pauper sum ego.
> *Psaume* XXIV
>
> Te rappelles-tu ces mystérieux oiseaux qui nous firent tant rêver un jour, et qu'on nomme exactement *colombes poignardées,* à cause de la tache de sang qu'elles portent au milieu de leur gorge blanche ?...
> Léon Bloy, *Le Désespéré,*
> chap. LI.

Et maintenant, ma pauvre âme, console-toi. Nous ne parlerons plus de ces misérables, nous ne les verrons plus, ces funèbres idiots qui t'affligent, et, s'il se peut, nous les oublierons à jamais.

Regarde plutôt ce pauvre géant, ce douloureux Christophore que l'obscurité n'a pu dévorer et qui nous apparaît au delà d'un continent de ténèbres, dans une solitude si lumineuse !

Il s'avance, comme autrefois, sur les flots qui n'ont pas la permission de l'engloutir et dont la paix est devenue si divine qu'on les prendrait pour une natte immense de rayons sous les pieds de ce voyageur.

C'est toujours le Sauveur qu'il porte et c'est toujours aux nations privées d'espérance qu'il le porte, mais, aujourd'hui, c'est au-devant du soleil qu'il marche !...

Les lamentables peuples indiens qu'il avait découverts sous des constellations inconnues et qu'il voulait enfanter à Dieu, n'existent plus. On les lui a massacrés depuis longtemps, comme on avait essayé de le massacrer lui-même, et c'est pour cela que sa face glorieuse resplendit de clartés si mélancoliques.

Il faut cependant qu'il continue son œuvre puisque la terre *arrondie* de sa main, ne peut plus rouler, semble-t-il, que sur l'axe de sa prière et ne veut plus être évangélisée que par des apôtres qui se souviendront de lui.

Il revient donc sur ses pas, et c'est à la vieille Europe, exterminatrice de ses enfants spirituels, qu'il rapporte désormais la Foi, l'Espérance et la Charité.

Il sait mieux que personne, le doux et sublime Apôtre, que son aspect d'Ancêtre plein de funérailles est précisément ce qu'il faut pour changer le cœur des apostates sociétés chrétiennes. Il sait aussi, d'un savoir de Bienheureux, qu'en ce crépuscule du monde, il est nécessaire que les figures anciennes dont sa Personne était le substrat, soient vérifiées enfin dans leur accomplissement absolu. Car il est vraiment cette *colombe* qui rapporte, vers le soir, au batelier de l'Arche symbolique, le verdoyant olivier de la rémission du Déluge.

Les catholiques élevés comprennent fort bien que l'Homme inouï qui paracheva l'Œuvre des Sept Jours, doit être aussi le fomentateur de la réconciliation et de l'Unité, et que l'œcuménique apothéose qu'on lui prépare est avant-courrière de la définitive réunion du troupeau du Christ.

C'est l'explication telle quelle de la solitude incomparable du Porte-Christ, à laquelle aucun isolement humain ne ressembla, depuis l'isolement ineffable du Verbe fait chair.

Solitude infinie dans les trois ordres théologiques : de Prédestination, de Grâce et de Gloire ; solitude effrayante dans l'ordre intellectuel, dans le domaine scientifique, dans la nécropole toujours agrandie des préoccupations de la terre. Solitude victorieuse des promiscuités de l'histoire, des analogies, des parallèles et des assimilations de la poésie.

On dirait vraiment, si cela peut être balbutié sans une apparence de blasphème, qu'il n'y a plus aujourd'hui que la Troisième Personne divine, dont saint Paul a raconté les « gémissements inénarrables », à qui la solitaire Colombe de l'Océan puisse être paraboliquement confrontée !

A ce point de vue, Christophe Colomb sera le Protecteur céleste des épouvantables infortunés qui ne savent quel saint invoquer et qui s'offrent à tous les démons, en attendant que leur Mère désolée se souvienne de le mettre sur ses autels.

Il sera le Saint unique, l'Impétrateur, supplié avec des genoux sanglants, de tous ceux-là qu'on pourrait croire engendrés dans les abîmes de la damnation, de ces maudits, de ces exécrés de l'univers, de ces lépreux affamés par l'épouvante et conspués même par les lys, en d'intolérables déserts!

Christophe Colomb, pour tout dire, sera le Patron des gens de génie, des solitaires intelligences que le monde abhorre invariablement, jusqu'au jour posthume où l'infâme sottise aperçoit enfin leur grandeur.

Les hommes exceptionnels réclament aujourd'hui de la sainte Église un Intercesseur d'exception.

Le commun des fidèles a toujours quelque martyr, quelque confesseur, quelque vierge à invoquer. Les rois et les cordonniers ont leurs avocats dans le ciel, et les avocats eux-mêmes ont aussi le leur, qu'il ne faudrait pas confondre avec un *larron*, fait observer naïvement le Bréviaire.

Mais les poètes ou les hauts penseurs qui débordent l'intellectualité de leur siècle, n'ont absolument personne qui leur appartienne là-haut, qui leur appartienne en propre et qui s'intéresse personnellement à leur effroyable destin.

Lorsqu'un de ces malheureux, — mille fois assuré de receler dans son âme et dans son cerveau ce qui doit, un jour, brûler les cœurs et saturer les esprits, aussitôt après qu'on l'aura fourré sous la terre, — se voit errant dans les ténèbres glacées, mangé de famine et de désespoir, inaperçu des sages bourreaux pour lesquels il souffre et crucifié à chaque heure par son idéal ; ce lui serait un fameux secours, n'est-ce pas ? de se souvenir que Celui d'entre les hommes qui a le plus enduré cette agonie, l'appelle tout bas, amoureusement, du fond de quelque sanctuaire prochain où il écoute avec bonté les suppliciés qui l'implorent !

Les êtres profonds savent que cela n'est pas l'illusion d'une rhétorique banale, mais le besoin le plus impérieux de ces aventuriers du sublime.

L'école rationaliste accablée de la grandeur de Colomb et jugeant son Œuvre trop grande pour un homme, a donné tout un siècle pour coadjuteur à ce « Pontife des biens futurs ».

Je veux espérer qu'on me pardonnera l'audace de désigner le plus grand des hommes d'une appellation donnée par saint Paul à Notre-Seigneur Jésus-Christ. Mais l'abîme invoque l'abîme, et je n'y peux rien.

On a donc décidé, pour échapper à l'évidence du Surnaturel, d'accréditer l'hypothèse d'un mouvement de l'esprit humain, — vers le temps de la Découverte, — d'une préoccupation générale, d'un pressentiment unanime que Colomb aurait concentré et dont il eût été la personnification.

Il est trop facile de s'assurer du contraire quand on daigne s'enquérir de l'histoire passablement connue des dernières années du xv<sup>e</sup> siècle.

La vérité, c'est que loin d'avoir assumé la pensée de son époque, le désir de tous, le Révélateur du Globe a irradié sa propre conception sur ses contemporains et sur les générations suivantes.

Il fut seul, indiciblement seul avec ses trois terribles compagnes : la pauvreté parfaite, la honte parfaite, la douleur parfaite, salaire infaillible de tout audacieux qui découvre un monde.

Les quelques humbles qui le comprirent un peu, ne purent qu'entrevoir l'extravagante majesté de son génie dont quatre siècles n'ont pas donné la mesure et qui n'a pas encore fini de se dérouler.

Il fut *primordial* et unique, suivant l'expression de son historien. Il vécut, ainsi qu'un captif, dans la cellulaire transcendance de ses conceptions.

« Sa pensée se produisit, native, spontanée, autochtone, pure de tout alliage terrestre. Elle sonda l'inconnu, traversa l'infini, uniquement éclairée du flambeau de la Foi Catholique.

« Son affirmation ne procédait point des combinaisons du génie, des calculs de la science, mais intégralement d'une illumination supérieure, atteignant l'Ordre surnaturel. Car aucun héritage scientifique ne lui échut. Il ne recueillit rien de ses devanciers, n'accepta rien de ses contemporains, fort heureusement pour sa gloire, car qu'auraient-ils pu lui fournir qui n'eût servi à l'égarer? La première autorité cosmographique d'alors, le physicien Paul Toscanelli, professait la plus capitale des erreurs, à savoir que la Mer occupe seulement la *septième partie* de la Terre, tandis qu'en réalité, elle couvre plus des deux tiers du Globe.

« Cette opinion était d'autant mieux enracinée dans l'enseignement, que le docte cardinal Pierre d'Ailly l'avait admise dans son fameux Tableau du Monde, *Imago Mundi*.

Notre grand poëte, Victor Hugo, a donc eu parfaitement raison de dire : « Si Christophe Colomb avait été bon cosmographe, il n'aurait jamais découvert le Nouveau-Monde[1]. »

Colomb lui-même ne contresignait-il pas à l'avance tous les brevets d'incapacité que les savants du xix° siècle devaient un jour décerner à l'Amplificateur de la création lorsqu'il avouait humblement que pour l'exécution de son œuvre, ni les mathématiques, ni les mappemondes, ni la *raison* même, ne lui avaient guère profité[2]?

Ceci est à faire pleurer d'extase.

Il faut se représenter ce gagne-denier, ce copiste, ce très pauvre homme, ce rien du tout de petit pilote caboteur, assis sur quelque falaise atlantique et ne regardant même pas la mer, mais écoutant monter, du fond de son âme, les appels désespérés d'une moitié de la race humaine séquestrée au milieu des gouffres et levant ses millions de bras vers

---

[1] Le comte Roselly de Lorgues. — *Histoire posthume*, chap. xiii.

[2] « Yo dijé que para la ejecution de la impresa de las Indias, no me aprovecho razon, ni matematica ni mapamundos. » *Libro de las profecias*.

cette Colombe aux ailes d'argent, vers ce Messager de l'Espérance, vers ce Christophore inconnu, qui est le plus indigent des hommes obscurs, qui est SEUL à savoir qu'elle existe et qui vainement implore, depuis des années, de tous les puissants chrétiens, l'aumône de quelques planches pour s'en venir à son aide !

Imagine-t-on les larmes immenses, les larmes divines et probablement *baptismales* de ce malheureux des malheureux, ne pouvant donner que cette aumône à cinquante nations plus infortunées que lui qui le suppliaient d'être pitoyable :

— O chères âmes qui habitez cet enfer lointain, ces vastes plaines et ces vallées de la mort, où ne chemine jamais l'espoir, ayez pitié de mon âme triste, comme j'ai pitié de vos tristes âmes. Ne me percez plus de vos clameurs.

Quand j'aurai souffert assez longtemps de mon impuissance, il me faudra probablement souffrir encore de mon decevant pouvoir, car nul ne sait ce que Dieu demande.

Puisque je suis l'homme de désir, n'est-il pas juste que je sois aussi l'homme de douleurs ? Votre amour m'est une agonie et je n'aperçois de tous côtés que des murailles de langueur, des créneaux de désolation.

Si mon cœur était un navire, il prendrait à l'instant la mer pour aller vers vous et je crois bien qu'il contiendrait aisément tout cet ancien Monde qu'appellent avec tant de confiance vos pressentiments obscurs, mais qui doit peut-être, un jour, vous exterminer.

Je suis, hélas! le plus dénué, le plus faible de tous les mortels et je ne puis, en attendant la volonté de notre commun Rédempteur, qu'aggraver de mes larmes l'amertume de cet Océan...

Un tel dialogue de gémissements, de ce Pauvre à ces exilés, par-dessus la Mer, n'est-il pas, pour l'imagination d'un chrétien, le plus énorme poème de mélancolie qu'on ait pu rêver depuis le *Prométhée* d'Eschyle?

« Grande Dame, dit Christophe Colomb à Isabelle, dans l'*Atlantide* de Verdaguer, donnez-moi des navires et, l'heure venue, je vous les rendrai, avec un monde à la remorque. »

Il les obtint, en effet, ces petits navires dont on aurait dû garder les débris comme d'impayables trésors, puisque leur bois était le plus précieux qu'il y eût sur terre après celui de la Croix du Christ et pour la même raison.

Il les obtint, comme on sait, après dix-huit ans de supplications dans toutes les contrées de l'Europe et ce fut la *mort* qu'il apporta au monde Indien, dans ses mains ineffablement paternelles.

On lui changea son œuvre dès le premier jour. On fit des ténèbres avec sa lumière, et quelles ténèbres ! On se soûla du sang de ses innombrables fils et ce qui restait de ce sang, ce que les chacals du pillage et les chiens du vomissement ne voulaient plus, on le recueillit dans le creux des mains, dans des pelles de mineurs, dans des écopes de bateliers, dans les coupes de la débauche, dans les deux plateaux de la Justice prostituée, dans les calices même des Saints Autels et on l'en éclaboussa de la tête aux pieds !

On contraignit cette Colombe amoureuse à piétiner, ainsi qu'un corbeau, dans le pourrissoir des assassinés.

L'orgie des avares et des sanguinaires enveloppa la montagne de son sourcilleux esprit comme d'un tourbillon de tempêtes. Et ce fut la solitude la plus inouïe sur cet amoncellement de douleurs !

« Je ne puis m'empêcher, écrivais-je, il y a six ans, de comparer Christophe Colomb à ce bon Pasteur de l'Evangile qui donne sa vie pour ses brebis et qui ne se repose pas avant d'avoir trouvé celle qui était perdue.

« Mais la brebis perdue, c'était la moitié de la Race humaine, la douloureuse multitude des Américains. C'était l'effroyable prostituée d'Ezéchiel, « projetée sur la face de la terre dans l'abjection de son âme et foulée dans son sang ».

« Il avait rêvé de courber avec tendresse aux pieds du Dieu vivant cette Madeleine de deux cents millions de cœurs.

« Il avait reçu tout ce qu'il fallait pour cela et nul conquérant après lui n'hérita du don divin par lequel il pénétrait et fixait les mobiles Indiens.

« La vue d'un chef si doux et si fort faisait croire à ces pauvres peuples que les Souverains dont il leur parlait étaient « dans le ciel et non dans ce monde ». Un peu plus tard, il leur vint d'autres chefs qui leur donnèrent à penser que ces mêmes Souverains devaient régner dans les enfers.

« Le succès de Christophe Colomb eût été

une chose trop belle sur cette planète maudite qui n'a de fécondité que pour engendrer des monstres et qui garde toute sa force pour la germination des épines humaines autour de la Tête de son Dieu.

« Dans la confiante simplicité de son âme, le Messager de l'Evangile écrivait aux Rois, le lendemain de la Découverte : « Je tiens pour dit, Sérénissimes Princes, que dès l'instant où des missionnaires parleront leur langue, ils se feront tous chrétiens. J'espère en Notre-Seigneur que Vos Altesses se décideront promptement à y en envoyer, afin de réunir à l'Eglise des peuples si nombreux ; et qu'Elles les convertiront aussi certainement qu'Elles ont détruit ceux qui n'ont pas voulu confesser le Père, le Fils et le Saint-Esprit (les Maures et Sarrasins d'Espagne). »

« Mais les Rois comprirent peu ce langage, — Ferdinand surtout, l'ancêtre et le type des rois mercenaires du XIXᵉ siècle. Colomb avait exigé de grandes dignités pour exercer avec une indépendance royale l'Apostolat inouï dont il se sentait investi. Ces dignités lui furent arrachées par violence ou par trahison et il se vit, au début de son règne, supplanté par d'horribles scélérats qui essuyèrent leurs mains sanglantes à la robe baptismale de ses enfants spirituels.

« Il avait demandé qu'aucun colon espagnol ne pût aborder aux terres nouvelles, à moins qu'il ne fût certainement chrétien, alléguant le but véritable de cette entreprise qui était « l'accroissement et la gloire de la Religion chrétienne ».

« On vida pour lui les prisons et les galères. Ce furent des escros, des parjures, des faussaires, des voleurs, des proxénètes et des assassins qu'on chargea de porter aux Indes l'exemple des vertus chrétiennes.

« Lui-même fut accusé de tous les crimes et la hideuse canaille qu'on lui envoyait fut admise à témoigner contre cet angélique Pasteur qui voulait défendre son troupeau et dont le principal forfait avait été d'attenter à la liberté du pillage et de l'égorgement.

« C'est un saignement de cœur et une agonie, de voir cet Homme presque divin qui fut, toute sa vie, le Stylite pénitent de son propre génie, réduit à marchander goutte à goutte le Sang de Jésus-Christ avec toute l'écume des Espagnes.

« Il fut enfin dépossédé, exproprié de sa

Mission et, pendant plusieurs années, put assister, lié et impuissant, à la destruction de son œuvre. Ses illégitimes et cupides successeurs remplacèrent aussitôt la Paternité par l'Ergastule et l'évangélisation pacifique par le cruel système des *repartimientos* qui fut l'arrêt de mort de ces peuples infortunés.

« Il semble que le Héros aurait pu relever la tête une bonne fois et parler d'une voix terrible à tous ces puissants charnels qui « polluaient le Saint Nom de Dieu ».

Il n'en fit rien, parce qu'il était la Colombe et que la *colère de la Colombe*, annoncée par Jérémie, est un ineffable mystère de justice en réserve au fond de l'avenir. Dieu lui donna la force de porter en silence un fardeau de peines qui aurait accablé tout un monde.

« Quand il parut devant Isabelle, meurtri de ses fers, destitué, vaincu, brisé, foulé aux pieds, la noble reine éclata en larmes à l'aspect du Révélateur de la Création et sentit l'énormité de son inconsciente ingratitude. Ils pleurèrent ensemble, dit l'histoire, et ce fut toute l'apologie que le grand homme fit de sa propre conduite.

« Néanmoins, dominée par d'aveugles scrupules, elle ne lui rendit pas son gouvernement. Christophe Colomb souffrit encore cela sans aucun murmure et ce fut peut-être la plus pénétrante de ses douleurs que ce déni de justice de l'admirable femme qui paraissait n'avoir reçu la couronne que pour partager sa gloire[1]. »

« Lorsque toute la terre se réjouira, je te reléguerai dans la solitude, » dit Ézéchiel parlant au Nom du Seigneur. Ne croirait-on pas que cette prophétie regarde Colomb et qu'elle s'applique tout particulièrement à l'année 1892 ?

Il me semble qu'à cette époque, en effet, le Révélateur sera plus seul que jamais. Cet Homme unique est si grand que plus on s'en approche et plus il paraît inaccessible.

Celui de notre siècle qui l'a le plus approché, le comte Roselly de Lorgues, a dû sentir quelque découragement d'imagination, à mesure qu'il explorait le réseau des innombrables chemins qui convergent à ce sommet des extrémités de la terre.

[1] *Révélateur du Globe*, seconde partie, chap. VII.

Et pourtant, cet écrivain a été pour Colomb précisément ce que fut le Samaritain de l'Evangile pour le personnage mystérieux tombé dans les mains des voleurs, dépouillé par eux et laissé pour mort sur la symbolique voie qui descendait de Jérusalem à Jéricho.

Le prêtre et le lévite avaient passé à côté de ce moribond sans le secourir. Mais le troisième voyageur, l'homme de la race détestée par les Pharisiens, aussitôt qu'il l'aperçoit, tremble de pitié.

Il s'approche de l'abandonné, panse les plaies que lui ont faites les spoliateurs, le fait asseoir sur sa monture d'historien, le conduit à l'auberge d'un éditeur et prend soin de lui comme d'un frère.

Lorsqu'il est forcé de partir, il commande à sa charité de veiller en son absence auprès du gisant et n'oublie rien de ce qu'il faut payer pour le présent et pour l'avenir.

Le Christophore saura bien acquitter cette dette, un jour, mais auparavant, il accable son aumônier de la stupeur d'avoir été l'hôte et le protecteur de ce Compagnon des Trônes et de ce Commensal des Dominations. Il s'en éloigne doucement ensuite, comme Jésus de la pleurante Madeleine au jardin de la Résurrection, parce qu'il ne doit plus être touché par des mains terrestres.

Que voulez-vous alors que lui fassent l'énorme bruit, l'universelle fumée qu'on prépare, et comment le Seigneur jaloux de ses saints ne retrancherait-il pas dans la plus impénétrable des solitudes, Celui des hommes qui fit le mieux éclater la magnificence de sa Création, — quand il s'agit de le soustraire à la tardive et suspecte joie d'un monde imbécile ou d'un monde impie qui voudrait, à l'expiration des quatre cents ans d'injustice, le contaminer encore de ses applaudissements ?

Ah ! si l'Église parlait avant ce jour ! Si, comme l'espèrent l'Episcopat et la plupart des fidèles, Christophe Colomb était authentiquement déclaré SAINT et recommandé à la dévotion des peuples sur les autels de cet Holocauste devenu par lui réellement *perpétuel* et universel, — il arriverait alors, seulement alors, que ce Convive des Cieux pourrait devenir le familier et le confabulateur des pauvres !

Il descendrait, pour les humbles en prière,

de la solitude sublime où le retient captif son immarcessible grandeur.

L'Eglise seule a le pouvoir d'acclimater sur la terre les licornes et les hermines du paradis qu'effarouche l'admiration purement humaine des naturalistes ou des politiques.

Elle sait mieux que personne l'incalculable importance de garder pour elle ce Diamant de gloire que l'Hypocrisie et la Trahison vont se disputer et qui s'obscurcira comme un charbon, pour ces deux infâmes, aussitôt qu'elle l'aura mis à sa coiffure de lumière !

Elle sait merveilleusement aussi ce qu'elle *doit* au Révélateur. L'Eglise n'est point une Espagne et ne s'est jamais prévalue de Sa Majesté pour être ingrate en abreuvant d'ignominie ceux qui mouraient à son service.

Pie IX comprenait et disait fort bien que le Saint-Siège est demeuré le débiteur de Colomb, de cet *Uomo della Chiesa* qui ne crut jamais faire assez pour le Vicaire de Jésus-Christ et qui eût été, jusque dans sa descendance la plus reculée, la main ouverte de Dieu pour la Papauté, — si la fangeuse cupidité de l'Espagne et l'indignité de ses derniers rejetons avaient permis que ses dispositions testamentaires eussent leur accomplissement.

« Comme s'il pressentait déjà ce Martin Luther, alors à peine âgé de six ans, qui devait un jour détacher de l'Unité romaine la plus grande partie de l'Europe en la couvrant de calomnies, de sang et de haines, il songeait à sauvegarder la triple Couronne du Souverain Pontife et à repousser toute atteinte au pouvoir temporel, seule garantie de l'indépendance du Vicaire de Jésus-Christ.

« Lorsqu'en sa qualité de Vice-Roi des Indes, Christophe Colomb institua un magnifique Majorat dont les revenus capitalisés pourraient lui permettre un jour de racheter le Tombeau du Sauveur et, en cas de refus, de lever une armée, pour l'arracher aux mains des Musulmans, il ordonnait à son héritier et à ses successeurs, dans le cas où une puissance quelconque viendrait à troubler le Saint-Père dans ses droits ou son domaine, de se porter aussitôt aux pieds du Pontife, avec sa famille, les gens de sa Maison, de le défendre par les armes, de le soutenir de ses revenus, et au besoin, de lui abandonner le fond même du Majorat !

« Sa pieuse munificence efface ici celle de Constantin, de Charlemagne et la générosité de la grande Comtesse. Non seulement Colomb donnait ses biens, ses privilèges, le patrimoine de ses fils, dépossédait toute sa famille, exhérédait toute sa postérité au profit du Saint-Siège, mais il lui sacrifiait résolument jusqu'aux plus ardentes sollicitations de son âme, le trésor caché de sa piété catholique, cet amoureux espoir de délivrer un jour le Saint Tombeau, qui fut l'objectif constant de sa vie!

« Depuis l'an 42 de l'Ère chrétienne, où, sous l'empereur Claude, le Prince des Apôtres vint fixer à Rome la Chaire de l'Infaillibilité, en descendant la série des Papes jusqu'à Léon XIII, on ne rencontrera, ni parmi les Pontifes et les Docteurs de l'Eglise, ni parmi les Evêques et les Fondateurs d'Ordres, aucun Saint qui ait donné à la Papauté des gages d'un amour plus profond, plus absolu que celui de Christophe Colomb.

« Nous insistons sur cet héroïque dévouement au Saint-Siège, parce qu'il est *unique* dans l'histoire, et que les annales de l'Eglise n'offrent pas un seul exemple de son similaire. En ceci, l'incomparable Serviteur de

Dieu s'est montré exceptionnel, comme le fut son rôle dans l'humanité[1]. »

Mais la très pure Mère des chrétiens qui n'a besoin des prairies de ce monde que pour paitre ses troupeaux et qui se laissa dépouiller sans murmure quand Dieu le permit, la divine Église a d'autres motifs de reconnaissance.

En agrandissant la terre au Nom du Verbe, Christophe Colomb agrandissait l'Ame humaine, agrandissait l'Homme dont notre planète est la répercussion symbolique.

Ce n'est pas pour rien, — je le dirais devant les anges, — que les Livres inspirés assimilent partout l'Homme à la Terre et la Terre à l'Homme. On ne remarque pas cette obsédante répétition, parce que nos philosophies légères flottent sur les surfaces et ne descendent jamais dans les profondeurs.

Le globe terrestre est prodigieusement, inimaginablement la figure de l'homme, de ce composé mystérieux d'organes et de facultés que prétendent clarifier des psycholo-

---

[1] Le comte ROSELLY DE LORGUES. *Histoire Posthume*, chap. XIV.

gies volatiles dont s'esclaffent les constellations.

Si l'heure était venue de connaitre la vérité, la rudimentaire géographie qu'on enseigne aux petits enfants serait à faire mourir de ravissement.

On découvrirait alors des réalités divines et *simples*, mais d'une simplicité à faire pleurer les serpents.

On s'apercevrait que les continents et les mers, les montagnes, les fleuves et les cités ne sont pas des choses quelconques et vaines, profluées au *hasard* des mouvements plutoniens ou des branle-bas de l'histoire.

On vérifierait, au contraire, que leurs formes et leurs amalgames infinis sont identiques et consubstantiels au phénomène central de l'Humanité, envisagée comme le type ou le parangon divin des opérations itératives du Créateur.

On verrait enfin, pour en expirer dans les extases, que toutes les fois qu'un explorateur, qu'un navigateur, croyant ou sceptique, humble ou superbe, délimita sur le papier quelques portions inconnues de la Terre ou de la Mer, — sans le savoir, il décrivait l'*Homme* qui est leur maître souverain, leur paradigme et leur miroir.

A cet instant-là, sans doute, l'Ecce Homo de Pilate recevrait une signification si prodigieuse qu'elle ferait éclater, dans l'évidence absolue, ces énigmatiques Ecritures de Dieu que l'attention de dix-neuf siècles n'a pu déchiffrer.

Fallait-il, Seigneur ! que Christophe Colomb fût grand et qu'il fût élu, — et qu'il fût *unique*, — pour avoir été chargé, à lui seul, d'une divulgation qui supposait l'analogique préconception de tout le mystère de l'humanité !

Et pourquoi donc l'agrandissement des âmes, si ce n'est en vue d'élargir le Règne dont tous les chrétiens ont le devoir d'implorer, chaque jour, la venue ?

Il faut avoir un esprit de chair ou passionnément ignorer l'histoire, pour supposer, un instant, que Christophe Colomb pensait beaucoup au *progrès de la civilisation*.

Qu'elle dût profiter indéfiniment de sa Découverte, jusqu'à la consommation des temps, il ne pouvait l'ignorer ; que l'esprit du mal pût en abuser pour la perdition des ambitieux de la richesse ou des ambitieux du savoir, comment aurait-il pu ne pas s'en épouvanter ?

Mais le candide Serviteur de Dieu, si souvent taxé d'ignorance, qui plongeait sans effort dans les gouffres de la Nature, comme eût pu le faire un archange accoudé au balcon des cieux, devait avoir, au fond de son âme très humble, quelque chose qui ressemblait au mépris exprimé par Joseph de Maistre : — « Nous gardons les sciences morales et nous laissons les sciences naturelles à nos domestiques. »

Un tel mot est souverain pour faire écumer les imbéciles et Joseph de Maistre, assurément le plus haut esprit de son siècle, obtint souvent ce résultat agréable, car il en écrivit un assez bon nombre.

Christophe Colomb, qui était le plus grand Chrétien de l'histoire, exaspéra, lui aussi, des armées d'idiots, sans avoir jamais proféré de propos amers. Sa douceur suffisait et suffit encore à les enrager.

Cependant, il dut entrevoir le péril de révéler tant de choses cachées si longtemps à l'esprit humain et s'attrister à la pensée que cette amplification de l'homme procurée par lui deviendrait, pour des peuples sans charité, l'amplification de la Désobéissance.

Car ce Tertiaire de saint François était surtout un Apôtre et ses travaux furent exclusivement apostoliques.

C'est ce que l'Eglise a compris et c'est ce qui lui reste à notifier à tous ses enfants. Elle leur dira sans doute aussi, que cet Apôtre fut, par surcroit, un Prophète et un Martyr, et ces choses seront chantées dans les cathédrales, quand les grandeurs du Christophore auront été consignées dans son merveilleux Hymnaire.

L'historien de Colomb fait observer que le culte ancien de saint Christophe, culte fameux et prodigieusement répandu dans la chrétienté, commença de s'éteindre à peu près partout, aussitôt après l'apparition du Porte-Christ que préfigurait, sans doute, le gigantesque passeur de l'Enfant divin.

La mystérieuse effigie qu'on rencontrait à chaque pas, dans les basiliques des vieux siècles, avaient enfin reçu son application. La légende si célèbre du martyr syrien serait donc quelque chose comme un *vieux testa-*

*ment* que l'histoire évangélique de Colomb devait accomplir.

Que pensez-vous d'un saint prophétisé de la sorte par un autre saint qui paraît n'avoir eu d'autre vocation que de l'annoncer, mille ans à l'avance, dans sa personne et dans son martyre ?

On est alors forcé de conjecturer un avenir aussi extraordinaire que le passé, un *précursorat* nouveau de quelque Gestion inimaginable, dont Christophe Colomb serait l'éclaireur et pour laquelle il aurait été chargé de tout dilater sous le firmament.

Quelques-uns ont parlé d'une Emission, à espérer, de l'Esprit divin qui rénoverait la face du monde et qui ferait la Croix de Jésus effectivement potentate sur le genre humain. Ces choses du siècle futur sont tellement redoutables et sacrées que c'est à peine si on a le droit d'y penser. Mais ne semble-t-il pas qu'en les supposant plausibles, il se produirait aussitôt comme des échéances d'abîme, au seul Nom de ce Précurseur du Paraclet par qui le Nouveau Monde fut découvert sous de nouveaux Cieux ?

Il m'est difficile de laisser là cet immense

poème d'histoire qui remplit mon cœur depuis des années. Mais la littérature est si vaine pour de tels objets !

C'est l'indignation qui m'a forcé de revenir à cette colossale figure du Christophore, et maintenant, je m'attarderais facilement à la contempler, en oubliant les immondices que l'ignorance et la vilenie de quelques goujats ont déposées à sa base.

Je ne puis, surtout, écarter de mon souvenir cette plainte inouïe du Révélateur écrivant aux Rois qui le comprirent si peu : — « *Que la* Terre *pleure sur moi !* »

Il est étrange de rencontrer l'analogue de cette lamentation de Prométhée, dans les traditions mythologiques de l'Edda.

Le Lucifer Scandinave, le lumineux Olympien Balder, vient de mourir et de rouler comme une avalanche dans le royaume souterrain de Hel, la formidable Impératrice des morts.

A ce moment, dit le vieux saga, les Dieux se taisent dans leur épouvante, les ténèbres s'amassent et se coagulent autour d'eux, menaçant de les engloutir.

L'un d'entre eux se décide, alors, à descendre dans les enfers et redemande à la sombre

Souveraine cet indispensable Balder sans qui les Dieux vont s'éteindre.

La réponse de l'Abîme est que Balder ressuscitera si *toute la terre pleure sur lui*.

En conséquence, on prescrit l'effusion des larmes à tout ce qui respire et à tout ce qui est inanimé. Telle est l'origine probable des fleuves et des océans.

Cependant, l'infortuné Balder ne parvient pas à revivre, parce qu'un mauvais esprit, singulièrement accoutré du nom d'un exécrable philosophe anglais, ne gémit pas du fond de son cœur et ne pleure, selon l'expression littérale, que des « larmes sèches ».

Les Dieux ainsi frustrés deviennent ce qu'ils peuvent et je ne sais pas si le deuil terrestre a recommencé pour eux.

Mais ne trouvez-vous pas admirable que cet universel sanglot, réclamé *pour lui-même*, par le Lucifer chrétien qui élucida la MER TÉNÉBREUSE, soit précisément la grande largesse que peut lui faire la Trésorière des larmes d'amour, la très sainte Eglise Catholique, Apostolique Romaine ?

Car il est véritable qu'on pleure beaucoup, parmi les gens de prière, devant les Tabernacles sacrés et devant les Reliques des Saints, sur lesquelles il est de foi que l'Esprit de Dieu se repose.

Et les « larmes sèches » de la légende scandinave n'ont pas le pouvoir d'empêcher les amis du Dieu vivant de ressusciter dans Sa Gloire. Elles n'y peuvent absolument rien, non plus que les acclamations sacrilèges des peuples athées.

Encore une fois, on pleure d'amour dans nos églises, — c'est même à cela que se reconnaît le Catholicisme, — et quand l'Epouse du Seigneur y consentira, les pauvres gens qui s'en vont, à l'aube, chercher leur pain dans les brouillards de la mer, les aventureux marins que Colomb protège aussi volontiers que les solitaires esprits, réconforteront sans doute leurs cœurs, avant de partir, en s'attendrissant *sur lui*, dans les simples chapelles où seront vénérées, le long de tous les rivages, les Reliques miraculeuses du Révélateur du Globe !

# APPENDICES

APPENDICES

# APPENDICES

## A

Tout protecteur d'EN BAS. Page II.

Barbey d'Aurevilly n'était qu'un protecteur d'En Haut et, par conséquent, sans force pour accréditer une œuvre dont il fut seul à parler. Ce grand artiste était un sagittaire dont les flèches s'égaraient assez naturellement dans la direction des cieux. Si la préface que voici avait pu être imbécile et accrochée au *Révélateur du globe* par quelqu'un des immondes oracles du journalisme contemporain, nul doute que ce livre malheureux n'eût été accueilli avec plus de faveur par ceux qui broutent dans les plaines marécageuses de l'Opinion.

« L'auteur de la préface que voici fut un des premiers qui parlèrent du beau livre d'histoire — cause et occasion de cet autre livre qu'on publie aujourd'hui.

« C'était en 1856. Un homme, en ce temps-là, s'aperçut, un jour, de la monstruosité sous laquelle le monde vivait en paix et allait son train. C'est que Christophe Colomb, — l'un des hommes les plus grands qui aient jamais existé, s'il n'est pas même le plus grand, — n'avait littéralement pas d'histoire. Transporté de honte pour le compte du genre humain, cet homme, qui était un écrivain du talent le plus élevé, résolut d'arracher, dans la mesure de ses forces, Christophe Colomb à la destinée de silence et d'ingratitude qui pesait depuis près de quatre siècles sur sa mémoire, et qui avait mis la grandeur de l'oubli en proportion avec la grandeur du service rendu, par lui, au monde tout entier. Jusque-là, de maigres notices, menteuses ou dérisoires, griffonnées sur Christophe Colomb, avaient montré qu'elles étaient dignes des mains qui avaient raturé son Nom pour en mettre un autre à sa place sur sa grandiose Découverte... et, pour la première fois, la vie de Christophe Colomb fut écrite.

« Malheureusement, le marbre de l'oubli est plus dur à égratigner que le marbre d'un tombeau, et il faut bien le dire, cette *Histoire de Christophe Colomb*, par le comte Roselly de Lorgues, malgré tout le bien qu'on en dit, n'eut point, dans un temps où la publicité se prostitue aux plus basses œuvres littéraires, le succès retentissant que les hommes prennent pour de la gloire. Mais voici qui vengea le livre resté trop obscur ! Voici où la semence de vérité jetée aux vents légers et imbéciles tomba !

« Elle tomba dans le cœur du Pape qui gouvernait alors l'Église, et tout à coup, elle y leva !... Dans l'immense grand homme que fut Christophe Colomb, Pie IX *vit* le saint qu'il fallait en faire sortir, — et de sa main pontificale, — de cette main qui dispose de l'éternité, — il lui prépara son autel. A dater de ce moment, la Béatification de Christophe Colomb fut résolue... Pour s'être rencontré avec l'intuition latente au cœur mystique de Pie IX, le comte Roselly de Lorgues fut solennellement désigné pour être, en style de chancellerie romaine, « le Postulateur de la Cause auprès de la Sacrée Congrégation des Rites ». C'était la gloire ! la gloire manquée, venant tard, mais enfin venue et non pas d'en bas d'où elle vient souvent, mais d'en haut, d'où elle devrait toujours descendre. Malgré tout, en effet, malgré la contagion de la Libre Pensée, ce terrible choléra moderne de la Libre Pensée qui les ronge et qui les diminue chaque jour, les chrétiens sont encore assez nombreux pour faire de la gloire, comme le monde la conçoit et la veut — et, de cela seul que l'Église mettait en question la sainteté de Christophe Colomb, il avait sa gloire, même aux yeux des ennemis de l'Église, qui, au fond, savent très bien, dans ce qui peut leur rester d'âme, qu'il n'y a pas sur la terre de gloire comparable à celle-là !

« Et du même coup, le comte Roselly de Lorgues eut aussi la sienne. Il avait trop indissolublement attaché sa noble vie à la vie colossale de Christophe

Colomb pour qu'il fût possible de l'en détacher. Désormais, qui pensera au héros, pensera forcément à l'historien qui l'a raconté. Le comte Roselly de Lorgues a écrit son nom, à une telle profondeur dans le nom de Christophe Colomb, qu'on ne peut plus lire l'un sans lire l'autre, dans la clarté que l'Église répand sur eux, de son flambeau. Christophe Colomb et Roselly de Lorgues, arriveront, chacun à son rang, dans le partage de la même immortalité...

« Certes, ce n'est pas pour de tels hommes que j'écris cette préface. Ils n'en ont pas besoin. Ils sont au-dessus de toute plume vivante. Si les préfaces signifient quelque chose, c'est quand elles sont les prévisions de la Critique en faveur des Obscurs qu'elle distingue dans leur obscurité et qu'elle doit aimer à faire monter dans la lumière. Tel M. Léon Bloy et son livre sur LE RÉVÉLATEUR DU GLOBE que l'histoire du comte Roselly de Lorgues et son dévouement à la mémoire de Colomb lui ont inspiré.

« Or, M. Léon Bloy est précisément un de ces obscurs que la Critique a pour devoir de pousser aux astres, s'ils ont la force d'y monter. Admirateur et serviteur de Christophe Colomb et du comte Roselly de Lorgues, M. Léon Bloy ne s'est pas contenté de signaler les sublimités de l'histoire, écrite par le comte Roselly. Il n'a pas fait qu'un livre sur un livre comme tout critique en a le droit ou se l'arroge. Il a fait mieux et davantage. En parlant du *seul* historien de Christophe Colomb, il en a été aussi l'historien à sa manière et le second après le premier ! Il n'a pas mis servilement son pied dans l'ornière lumineuse d'un sujet où le char de feu d'un grand talent avait déjà passé ! Mais il a pensé sur ce sujet, en son propre et privé nom, avec une profondeur et une énergie nouvelles. *L'Histoire de Christophe Colomb* par le comte Roselly de Lorgues a été la suggestion du livre de M. Léon Bloy, mais elle n'a pas diminué l'originalité de son œuvre, à lui. Elle l'a, au contraire, fécondée. Elle a été le tremplin d'où ce robuste esprit s'est élancé à une hauteur dont s'étonneront certainement ceux-là qui ne sont pas capables de la mesurer. Maintenant que l'Église va être saisie, personne ne peut toucher, pour la grandir, à une gloire *catholique* qu'elle est sur le point de parachever. Je n'ajouterai donc pas un atome à cette gloire avec mon atome de préface. J'aime mieux le garder pour M. Léon Bloy et puisse cet atome être la première étincelle qui luira sur un talent, ignoré encore aujourd'hui, mais qui, demain peut-être, va tout embraser !

« Car c'est un esprit de feu, composé de foi et d'enthousiasme, que ce Léon Bloy inconnu, qui ne peut plus l'être longtemps après le livre qu'il vient de publier... Pour ma part, parmi les écrivains catholiques de l'heure présente, je ne connais personne de cette ardeur, de cette violence d'amour, de ce fanatisme pour la vérité. C'est même cet incompressible fanatisme dont il se vante comme de sa meilleure faculté qui a empêché M. Léon Bloy de prouver aux regards du monde ses autres facultés et sa supériorité d'écrivain. Polémiste de tempérament, fait pour toutes les luttes, tous les combats, toutes les mêlées, et sentant cette vocation pour la guerre bouillonner en lui, comme bouillonne cette sorte de vocation dans les âmes, quand elle y est, il a de bonne heure demandé instamment à ceux qui semblaient penser comme lui, sa place sur leurs champs de bataille, mais ils lui ont toujours fermé l'entrée de leur camp.

« Quoi de surprenant ? Dans une époque où le génie de la Concession qui gouverne le monde va jusqu'à lâcher tout, un esprit de cet absolu et de cette rigueur a épouvanté ceux-là même qu'il aurait le mieux servis. L'héroïque Veuillot, par exemple, qui n'a jamais tremblé devant rien, excepté devant les talents qui auraient tenu à honneur de combattre à côté de lui pour la cause de l'Église, Veuillot prit peur, un jour, du talent de M. Léon Bloy, et, après quatre ou cinq articles acceptés à l'*Univers*, il le congédia formellement. Alors, cet homme, avec qui on se conduisait comme s'il était un petit jeune homme, quand il était un homme tout à fait, et qui, depuis dix ans, s'attendait et s'impatientait, accumulant et ramassant en lui des forces à faire le plus formidable des journalistes, fut étouffé par la force lâche du silence des journaux, et des journaux sur lesquels il aurait dû le plus compter ! Enfermé, comme le prophète Daniel, dans la fosse aux bêtes, mais aux bêtes qui n'étaient pas des lions, il recommença de faire ce qu'il avait fait toute sa vie. Il recommença d'attendre avec le poids de son talent méconnu et refoulé sur son cœur, l'occasion favorable où il pourrait prouver, à ses amis comme à ses ennemis, qu'il en avait. Et cette occasion éclatante fut la Béatification de Christophe Colomb, dans laquelle il a montré, contre les vils chicaneurs de cette grande mesure, *projetée par Pie IX*, la toute-puissance des coups qu'il pouvait leur porter et qu'on lui connaissait, mais encore une autre toute-puissance qu'on ne lui connaissait pas !

« Et c'est la toute-puissance inattendue qui vient de plus profond que de l'âme ou du génie de l'homme et qui plane au-dessus de toute littérature. Cette toute-puissance extraordinaire a jailli chez M. Léon Bloy du fond de sa foi. Sans sa foi absolue à la surnaturalité de l'Eglise, il n'aurait pas écrit sur Celui qu'il appelle « le Révélateur du Globe », une histoire aussi surnaturelle que l'Eglise elle-même, et il ne les aurait pas fondues, l'une et l'autre, dans une identification si sublime. Le livre de M. Léon Bloy, que les ennemis de l'Eglise traiteront de mystique pour l'insulter et pour n'y pas répondre, comme si le Mysticisme n'était pas la dernière lueur que Dieu permette à l'homme d'allumer au foyer de son Amour pour pénétrer le mystère de sa Providence ; ce livre, creusé plus avant que l'histoire du comte

Roselly de Lorgues, dans les entrailles de la réalité divine, est encore plus la glorification de l'Église que la glorification de Christophe Colomb. Otez, en effet, par la pensée, la personnalité de Christophe Colomb, de la synthèse du monde que, seule, l'Église embrasse, et que, seule, elle explique, et il ne sera plus qu'un homme à la mesure de la grandeur humaine; mais, avec l'Église et faisant corps avec elle, il devient immédiatement le grand homme providentiel, le bras charnel et visible de Dieu, prévu dès l'origine du monde par les prophètes des premiers temps... Les raisons de cette situation miraculeuse dans l'économie de la Création, irréfragables pour tout chrétien qui ne veut pas tomber dans l'abîme de l'inconséquence, ne peuvent pas, je le sais, être acceptées par les esprits qui chassent en ce moment systématiquement Dieu de partout; mais l'expression de la vérité, qu'ils prennent pour une erreur, est si grande ici, qu'ils seront tenus de l'admirer.

« Cette partie dogmatique du livre de M. Léon Bloy est réellement de *l'histoire sacrée*, comme aurait pu la concevoir et l'écrire le génie même de Pascal, s'il avait pensé à regarder dans la vie de Christophe Colomb et à expliquer la prodigieuse intervention dans les choses humaines, de ce Révélateur du Globe qu'on pourrait appeler, après le Rédempteur Divin, le second rédempteur de l'humanité!

« Je ne vois guère que l'auteur des *Pensées* pour

avoir sur ce grand sujet, oublié par Bossuet, cette aperception suraiguë dans le regard, cette force dans la conception d'un ensemble, cette profondeur d'interprétation et cette majesté de langage, aux saveurs bibliques. Je veux surtout insister sur ce point. M. Léon Bloy, — l'écrivain sans public jusqu'ici, et dont quelques amis connaissent seuls la violence éloquente qu'on retrouvera, du reste, dans la troisième partie de son livre, quand il descendra de la hauteur du commencement de son apologétique, — a pris aux Livres Saints sur lesquels il s'est couché depuis longtemps, de toute la longueur de sa pensée, la placidité de la force et la tempérance de la sagesse ; et le style de ce grand *calmé* du Saint-Esprit n'a plus été ce style *qui est l'homme*, comme a dit Buffon.

« Ce n'est pas dans les étreintes d'une simple préface qu'on peut rien citer de ce livre débordant d'une beauté continue et qu'il faut prendre, pour le juger, dans la vaste plénitude de son unité. Cette préface qui ne dit rien parce que le livre qui la suit dit tout, n'est que l'index tendu vers ce livre qu'il faut montrer aux autres pour qu'ils l'aperçoivent. Elle n'a à dire que les deux mots de la voix mystérieuse qui disait à saint Augustin, sous le figuier : « *Prends et lis.* » Augustin lut, et on sait le reste.

« Les hommes de ce temps liront-ils ce livre, trop pesant pour leurs faibles mains et leurs faibles esprits ?... Seulement, s'ils en commencent la lecture et qu'ils se retournent de cette lecture vers les livres de cette époque de puéril et sot bibelotage, auront-ils la sensation de l'amincissement universel qui veut nous faire disparaître dans le néant, ce paradis des imbéciles ?... Et c'est toujours au moins cela pour le compte et la gloire de la vérité.

« J. BARBEY D'AUREVILLY. »

# B

Cette idiote histoire de L'ŒUF, etc. P. 35.

« Pendant qu'au loin, dans tous les États chrétiens, le nom de Colomb excitait l'admiration et la louange, sa personne recevait en Espagne des hommages et des honneurs inusités. A toute heure il était admis chez les Souverains. On le traitait avec la plus extrême déférence. La reine Isabelle ne pouvait se lasser de l'interroger et de l'entendre. Elle lui créa des armoiries en lui permettant d'écarteler dans son blason les armes royales de Castille et de Léon avec les siennes propres. On n'arrêtait aucune idée sur la prochaine expédition sans la lui avoir soumise.

« Telle était sa faveur que souvent on voyait le Roi se promener à cheval, ayant à sa droite son fils, l'héritier présomptif du trône, et à sa gauche l'Amiral de l'Océan, honneur dont il n'y avait eu jamais d'exemple. En ce moment, Ferdinand tirait vanité de Colomb, devenu l'objet de l'admiration enthousiaste du peuple et de l'envie des plus puissants.

« Après les rois, le premier Espagnol qui rendit de grands honneurs à Christophe Colomb fut un prince de l'Église, le grand Cardinal d'Espagne, Mendozza.

« A son intention il donna un magnifique banquet et lui assigna la place d'honneur, le fit servir sous un dais comme un souverain, à plats couverts, chaque mets qu'on lui présentait étant d'abord goûté devant lui, suivant l'étiquette royale, et le traitant en tout d'après son titre de Vice-roi. Ce banquet ouvrit la série des fêtes et des invitations que lui firent les plus grands personnages d'Espagne, et devint la règle de l'étiquette, qui dès lors fut respectueusement observée à son égard.

« C'est pourtant à ce banquet solennel qu'on a voulu rattacher l'anecdote de l'œuf, ce conte insipide auquel toutefois la mémoire de Colomb a dû, peut-être, sa plus grande popularité en Europe.

« L'un des convives, dit-on, lui ayant demandé s'il pensait qu'à son défaut personne n'eût pu découvrir les Indes, pour toute réponse l'Amiral se fit apporter un œuf et proposa de le faire tenir debout sur la table. L'un après l'autre, les invités l'essayèrent inutilement ; alors il le prit et, l'appuyant assez fort pour en briser l'extrémité, le fit tenir d'aplomb sur le bout aplati. Tel est, en substance, le fait raconté. Washington Irving n'a pas craint de l'accréditer.

Pour le surpasser, sans doute, M. de Lamartine fait exécuter cette farce à la table même du roi Ferdinand.

« Nous ne perdrons pas notre temps à démontrer l'absurdité de cette historiette, par sa choquante invraisemblance. D'abord elle est dépourvue de sens et de sel; elle ne prouve rien, n'explique pas davantage. On n'en saurait induire aucune conséquence. Elle n'est pas plus une réponse qu'une allusion ; et n'offre, en résumé, qu'une grossière tricherie.

« Ce n'était point en cassant par le bout un œuf, quand loyalement il s'agissait de le maintenir par l'équilibre, que l'Amiral démontrait la cause de sa Découverte. Ce n'était point non plus par cette infériorité de goût, ce manque de délicatesse, qu'il prouvait sa supériorité de constance et de génie. Colomb aurait-il expliqué les faveurs dont l'avait comblé la Providence, et justifié le succès de sa théorie, basée sur des errements scientifiques, par un tour de bateleur!.. et encore de bateleur maladroit;... pour ne pas dire déloyal !

« Les circonstances de temps et de lieu ne démentent pas moins cette inepte historiette. Qui donc aurait osé, soit à la table des Rois, soit à celle du grand cardinal d'Espagne, risquer une interpellation si saugrenue envers le Vice-roi des Indes ? qui se fût permis une question aussi désobligeante qu'irrespectueuse ? Et comment l'Amiral aurait-il oublié l'étiquette au point de donner des ordres chez ses augustes hôtes, et demander qu'on lui apportât un œuf ? Ce divertissement était-il compatible avec le nombre et la dignité des convives ?

« Aucun des historiens espagnols n'a raconté pareille chose. Le seul qui rapporte ce piètre conte, le Milanais Girolamo Benzoni, sans doute aura mal démêlé ses vieux souvenirs. Très positivement l'anecdote de l'œuf est d'origine italienne ; nous le reconnaissons, et nous avons même tout lieu de penser que, dans son enfance, Colomb l'avait à son tour entendu raconter par sa mère. Avec quelque vraisemblance, on l'attribue au célèbre architecte Brunellesco, par qui Sainte-Marie del Fiore éleva sa coupole dans le ciel de Florence. Ici le fait ne paraît pas impossible, tel inepte qu'il soit. Autour d'une joyeuse table de taverne, des artistes florentins, rivaux et envieux, purent en venir à ces questions narquoises, à ces métaphores d'escamotage, où la farce tient lieu de raison et dont peuvent se payer des rapins plus grivois que logiques. A la table d'un franc cabaret, ce tour goguenard se comprend, mais non pas ailleurs. Avant nous, Voltaire disait que ce conte de l'œuf était rapporté du Brunellesco. Nous sommes à ce sujet entièrement de son avis.

« Pour la dignité de l'histoire, nous prions nos lecteurs de ne plus répéter cette misérable anecdote ;

de ne point imputer au Révélateur du globe une si misérable facétie. Y croire serait d'ailleurs étrangement méconnaître son génie, sa dignité, son élévation, et l'atmosphère de gloire et de déférence ou respirait alors sa grandeur. »

CHRISTOPHE COLOMB, *Histoire de sa Vie et de ses Voyages*, par le comte Roselly de Lorgues. (Paris, Didier, livre I, ch. XI.)

# C

CHRISTOPHE COLOMB EXORCISANT LA TEMPÊTE. Page 124.

J'espère qu'on me saura gré de citer ici cet épisode vraiment inouï, dont la lecture justifiera, sans doute, l'enthousiasme *littéraire* d'un écrivain aussi moderne que moi pour un livre où de telles pages sont assez nombreuses.

« Le mardi, 13 décembre 1502, pendant que l'Amiral agonisait dans son lit de douleurs, une clameur déchirante, partie de l'une des caravelles, fut presque aussitôt répétée par les autres. Ce cri de désespoir retentit jusqu'à l'âme du moribond. Il frissonna et rouvrit les yeux.

« Quelque chose d'horrible se passait à portée du regard.

« Sur un point de l'espace agité par un mouvement giratoire, la mer, se gonflant de tous les flots qu'elle attirait à ce centre, se soulevait comme une seule montagne, tandis que de noirs nuages, descendant en cône renversé, s'allongeaient vers le tourbillon marin qui se dressait, palpitant, à son approche, comme cherchant à le joindre. Ces deux monstruosités de la mer et de l'atmosphère s'unirent tout à coup par un effroyable embrassement et se confondirent en forme d'X tournoyante.

« C'était, dit l'historien de Saint-Domingue, « une de ces pompes ou trombes marines que les « gens de mer appellent *fronks*, que l'on connaissait « alors si peu et qui ont depuis submergé tant de « navires. » Un âpre sifflement précédait l'haleine fatale qui poussait vers les caravelles cet épouvantail, alors sans nom dans nos langues. Ce genre de trombe est la plus affreuse manifestation de cette tempête infernale à qui l'Orient donna le nom même de l'Esprit du mal : *Typhon*. Malheur aux navires qui se rencontrent sur son passage !

« Au cri de détresse qui frappa son cœur, le grand homme s'était ranimé. Devant l'imminence de la destruction, il se relève, reprend son ancienne vigueur et sort de la cabine afin de mesurer d'abord le péril. Lui aussi aperçut la chose formidable qui approchait. La mer était soutirée vers le ciel. A ce phénomène inconnu, il ne vit point de remède : l'art était inutile, la navigation impuissante ; d'ailleurs, on ne pouvait plus gouverner.

« Aussitôt Colomb, l'adorateur du Verbe, soupçonna dans cette effroyable déploiement des forces brutales de la nature quelque manœuvre satanique. Il ne pouvait conjurer les puissances de l'air d'après les rites de l'Eglise, craignant d'usurper sur le sacerdoce; mais il se rappela qu'il était le chef d'une expédition chrétienne, que son but était saint, et voulut, à sa manière, sommer l'Esprit de ténèbres de lui livrer passage.

« Il fit soudain allumer dans les fanaux des cierges bénits, arborer l'étendard royal de l'expédition; ceignit son épée par-dessus le cordon de saint François; prit, en ses mains, le livre des Evangiles; et, debout en face de la trombe qui s'approchait, lui notifia la sublime affirmation qui ouvre le récit du disciple bien-aimé de Jésus, saint Jean, le fils adoptif de la Vierge.

« S'efforçant de dominer de sa voix le bruit de la tempête, le Messager du Salut déclara au typhon qu'au commencement était le Verbe; que le Verbe était en Dieu et que le Verbe était Dieu. Que toutes choses ont été faites par lui et que rien de ce qui a été fait n'a été fait sans lui; qu'en lui était la vie, et que la vie était la lumière des hommes; que la lumière luit dans les ténèbres et que les ténèbres ne l'ont point comprise; que le monde qui a été fait par lui ne l'a pas connu; qu'il est venu dans son propre bien et que les siens ne l'ont pas reçu; mais qu'il a donné à ceux qui croient en son nom et ne sont nés ni du sang, ni de la chair, ni de la volonté de l'homme, le pouvoir d'être faits enfants de Dieu ; et que LE VERBE S'EST FAIT CHAIR, et qu'il a habité parmi nous.

« Alors, de par ce Verbe divin, notre Rédempteur, dont la parole calmait les vents et apaisait les flots, Christophe Colomb commande impérieusement à la trombe d'épargner ceux qui, faits enfants de Dieu, s'en vont porter la Croix aux extrémités des nations et naviguent au Nom trois fois saint de la Trinité. Puis, tirant son épée, plein d'une ardente foi, il trace dans l'air, avec le tranchant de l'acier, LE SIGNE DE LA CROIX et décrit autour de lui un cercle acéré, comme s'il coupait réellement la trombe.

« Et, en effet, ô prodige ! la trombe qui marchait vers les caravelles, attirant avec un noir bouillonnement les flots, parut poussée obliquement, passa entre les navires à demi noyés par le bouleversement des vagues, s'éloigna rugissante, disloquée, et s'alla perdre dans la tumultueuse immensité des plaines atlantiques. »

CHRISTOPHE COLOMB. *Histoire de sa Vie et de ses Voyages*, par le comte Roselly de Lorgues. Livre IV, chap. III.

# D

Peut-être même se trouvait-il au milieu d'eux quelque individu gênant, quelque fâcheux collègue ayant étudié quelque chose, hostilement doué de quelque esprit ou de quelque sentiment d'honneur et, dès lors, insuffisamment pénétré de l'urgence d'une turpitude. Page 144.

Je prie très humblement Monsieur le marquis de la Fuensanta del Valle de vouloir bien accepter pour lui cette réserve empreinte de modération & d'en faire part amicalement à ceux d'entre ses collègues de l'Académie royale d'Histoire, que je ne connais pas & qui pourraient l'avoir méritée.

Le marquis de la Fuensanta del Valle, grand d'Espagne aussi bien que le duc de Veragua, est le descendant de Fernand Cortès, ce qui est honorable encore, après l'immense gloire d'appartenir à la Race de Christophe Colomb.

On m'a dit que ce grand seigneur est un fort estimable chrétien, médiocre partisan des stupidités libérales & prisant l'érudition historique fort au-dessus des brutalités tauromachiques où se complaît le triste survivancier du Révélateur.

Je tiens à lui supposer assez d'indépendance généreuse pour s'indigner, comme il convient, des basses pratiques de la Compagnie qu'il honore de sa présence.

Dans une édition de la célèbre Histoire des Indes de Barthélemy de Las Casas, publiée à Madrid en 1875 & corrigée sous ses yeux, on lit une préface où il ne craint pas de démasquer & de convaincre de mensonge l'hypocrite bibliographe Henry Harisse qui, au cours d'une de ses éternelles scolies de pédant sémite sur don Fernando Colomb historien de son père, avait allégué, pour soutenir une de ses précédentes impostures, l'impossibilité de vérifier certains documents que le marquis de la Fuensanta a trouvés annotés de sa propre main de tartufe. Voici le passage :

« El autor de la *Bibliotheca Americana vetustissima*, en un libro recientemente publicado por la Sociedad de Bibliófilos andaluces, que intitula « D. Fernando Colon, historiador de su padre » dice que Fr. Bartholomé acabó su « Historia » en 1559 , sin duda porque vió que en dicho año esta firmada la Dedicatoria, si asi puede llamarse, al Rector y Consiliarios de Convento de S. Gregorio de Valladolid; pero no le pasó por las mientes que podia muy bien succeder, como en efecto asi es, que en ella sólo se refiriese su autor á la primera y segunda parte y no á la tercera.

« Y decimos que vió dicha Dedicatoria porque en la primera parte del Mss original, que se custodia en la Bibliotheca de la Academia de la Historia, se lee esta nota de su puño, en una de las tres hojas blancas que tiene de guardas : *Compulsé par Henry Harisse le* 13 (no se entiende el mes ; parece decir août) 1869, y no comprendemos, como, en la pág. 46 del libro de que venimos ocupándonos, dice, con mucha formalidad al parecer, « que no habia podido examinar la Historia general de las Indias y la Apologia, escritas por Fr. Bartholomé de Las Casas de 1527 a 1559, cuyos Mss son tan raros como inabordables. »

En demandant, il y a quelques semaines, la *Historia de las Indias* à la Bibliothèque nationale de Paris, je m'attendais peu à la découverte exquise que j'allais faire en ouvrant le premier volume.

A la page même de la préface du marquis de la Fuensanta où se trouve démontrée la pasquinade, une feuille avait été collée avec le plus grand soin & j'eus la consolation d'y copier la curieuse réponse que voici :

# APPENDICES

*Paris, 30, rue Cambacérès, 14 novembre 1877.*

« A Mons. le Marquis de la Fuensanta del Valle à Madrid.

« Monsieur le marquis,

« Ce n'est que tout à l'heure que j'ai réussi à voir un exemplaire de votre si utile édition de l'*Historia de las Indias*, de Las Casas, & j'ai été assez surpris d'une critique à mon adresse, dont je ne comprends pas très bien la portée & l'à-propos.

« Vous vous étonnez dans votre préface, que dans mon *Ensayo Critico*, j'ai dit n'avoir pu consulter l'*Historia de las Indias*, tandis que le Mss original qui se trouve à la bibliothèque de l'Académie d'Histoire porte une note de ma main où il est constaté qu'en 1869, j'ai compulsé l'ouvrage même.

« Permettez-moi, M. le marquis, de vous faire remarquer que ce que la citation prise à la page 56 de l'*Ensayo* comporte est tout simplement que lorsque j'écrivais le chapitre VI de ce petit travail, je ne pouvais me procurer l'*Historia de las Indias;* de là des réserves dont l'impartialité aurait pu ne pas vous échapper.

« Effectivement, en consultant le *Fernand Colomb* (ouvrage qui n'est qu'une deuxième édition de l'*Ensayo*), on peut lire à la page 55 de ce même chapitre VI le passage suivant :

« Malheureusement, lorsque nous consultâmes

les Mss de Las Casas à Madrid & les copies de l'*historia* qui se trouvent à Cambridge, à New-York & à Washington, c'était dans un but autre que celui que nous nous proposons aujourd'hui. (???)

« Je suis, Monsieur, etc.

Henry Harisse

« P.-S. 24 février 1878.

« Cette lettre fut remise au dit Marquis par le Sr M.-R. Zarco del Valle ; & le dit Marquis, *en homme mal élevé*, n'y a pas encore répondu.

H. H

« 4 juillet 1879
« Je renouvelle cette appréciation.
« 28 décembre 1880
« Ibidem »

Ce qui me frappe tout d'abord, c'est la profonde sottise de ce charlatan cosmopolite qui s'imagine être de ceux à qui on répond quand on est quelqu'un d'honorable.

Il est évident que la fréquentation du duc des picadores lui a donné la folie des grandeurs & qu'il croit avoir droit à quelque considération, depuis que le déplorable descendant de Colomb se laisse brouter par lui avec une si dégradante résignation.

Un jour, il y a pas mal d'années, il s'avisa d'écrire au comte Roselly de Lorgues une lettre signée d'un pseudonyme Colombien ou Équatorien, se disant américain du Sud, passionné pour la gloire de Colomb & avide de certains renseignements qu'il sollicitait. Le comte de Lorgues eut la bonté de s'y laisser prendre & de répondre à cet inconnu avec bienveillance en lui dônnant ce qu'il désirait. La fraude fut découverte un peu trop tard, quand le drôle avait déjà sali l'aumône intellectuelle qu'il avait ainsi carottée. Que pensez-vous d'un individu capable de tels procédés d'extirpation documentaire dans l'intérêt de sa prothèse historique [1] ?

Je veux espérer que le marquis de la Fuensanta estimera comme un précieux témoignage, d'être ugé un homme MAL ÉLEVÉ, par ce gibier de bibliothèques & que l'aversion d'un tel personnage lui semblera presque aussi précieuse que sa Grandesse même, puisqu'elle est une évidente garantie qu'il n'y a point dérogé. Il y a des hommes si bas que leurs injures valent des lettres de noblesse, en cette fin de siècle où les vieilles aristrocraties s'éteignent dans le déluge universel de la démocratie & du goujatisme.

[1] On met au *défi* M. Henry Harisse de se présenter à la Librairie Catholique de Victor Palmé et de montrer le devant de sa personne au Directeur de cette maison célèbre.
Il y a quelques années, M. le vicomte de Maggiolo, rédacteur de la *Revue du Monde Catholique,* raconta dans un amusant article, qu'il serait facile de retrouver, les manœuvres plus que singulières de ce personnage dont la politique ordinaire consiste à déguiser son identité.

Je demande seulement à quoi servent les conservateurs & les employés de la Bibliothèque nationale, s'il est permis au premier américain venu de polluer ainsi les livres qu'ils ont le devoir de préserver de toutes souillures & qui sont l'exclusive propriété du public français?

Ce qu'il y a de remarquable ici, c'est que l'obstination imbécile de M. Harisse a duré moins longtemps que leur tolérance. La dernière apostille de ce malotru est datée de 1880. Evidemment, il ne tenait qu'à lui de renouveler cette plaisanterie tous les ans, tous les mois & même tous les jours, jusqu'à l'éclatement de la reliure par l'intercalation d'un nombre indéterminé de petits papiers.

TABLE

# TABLE

Notification préalable aux Spadassins du Silence . . . . . . . . . 1
I. Circenses !. . . . . . . . . 3
II. Un Orphelinat de Parricides . . . . 23
III. Le Pandemonium des Imbéciles . . 51
IV. Haceldama . . . . . . . . 79
V. L'Héritier inutile. . . . . . . 101
VI. Le Vestibule de Caïphe . . . . . 127
VII. Le Solitaire . . . . . . . . 163

    Appendices :
        A . . . . . . . . . 197
        B. . . . . . . . . . 207
        C. . . . . . . . . . 212
        D. . . . . . . . . . 216

ÉVREUX, IMPRIMERIE DE CHARLES HÉRISSEY

www.ingramcontent.com/pod-product-compliance
Lightning Source LLC
Chambersburg PA
CBHW060124170426
43198CB00010B/1029